卓球

野田学園高校式メニュー
勝つための「高速両ハンド」強化法

橋津文彦 野田学園高校卓球部監督

はじめに

この本を手に取ってくださり、ありがとうございます。

私が卓球の指導者となり、25年が経ちました。振り返ってみると、素晴らしい教え子たちと出会い、たくさんの経験を共にしてきましたが、長いようで、あっという間のようにも感じています。

私は中学1年生のときに兄の影響で卓球を始め、すぐにその魅力にとりつかれました。高校進学、大学進学、そして教員をめざしたこともすべてがそうですが、私の中で卓球を中心に置いて49年の人生を歩んできました。

周囲の人からは「橋津先生は強運の持ち主ですね」とよく言われますが、自分でも本当にそう思っています。大学受験を失敗したことがきっかけとなり、1年間のドイツ留学を経験することができました。また、天才少年と呼ばれていた岸川聖也との出会いも私の卓球人生を大きく変え、それまでは経験することのできない高みへと導いてくれました。

私が指導者の道をスタートさせたときに、「インターハイ優勝」「全日本チャンピオンの育成」「オリンピック選手の輩出」という3つの大きな目標を掲げました。「インターハイ優勝」

「全日本優勝」「オリンピック出場」は、私が子どもの頃に思い描いていた夢で、その果たせなかった夢を今度は指導者となり必ず実現したいと、強い想いで選手の指導にあたってきました。私はこの目標を公言していたため、周囲の方々からは、「そんな絵空事は叶うはずがない」と笑われることもありましたが、その夢は素晴らしい教え子たちと出会い、すべて実現することができ、私の人生にかけがえのないものを与えてくれました。

今、「目標は何ですか」と聞かれると、正直なところ具体的な目標を見失っているようにも思いますが、私にはエネルギーを与えてくれる子どもたちがたくさんいます。そして、その子どもたちの夢を実現することが今の私の目標となり、毎試合の結果に対して共に一喜一憂し、充実した卓球生活を過ごさせてもらっています。そして、私にエネルギーをくれる子どもたちのために全力で指導して、その子どもたちが試合で勝利して喜んでいる姿を見ることが、私自身の喜びとなって、自己肯定感へと変わり、また次のエネルギーへとつながっているようにも思えます。

この本は、私が日々の練習で考えていることを細かく記しています。読んでいただいた方々のお役に少しでも立てればうれしく思います。

野田学園卓球部監督
橋津文彦

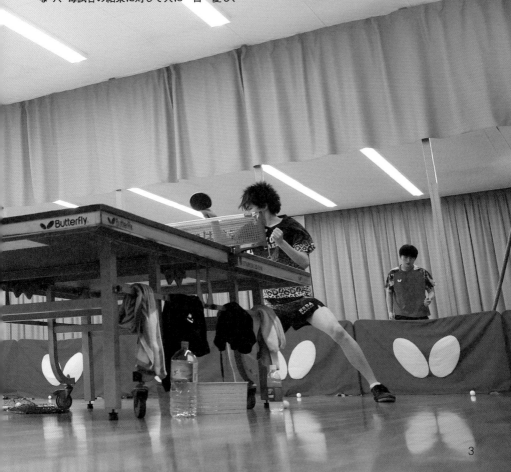

3

CONTENTS

第1章 テクニック

第2章 両ハンド＆フットワーク

第3章 攻守＆カウンター

第4章　3人練習＆ダブルス

第5章　多球練習

第6章 実戦力強化

本書の使い方

　本書では、写真や図版、アイコンなどを用いて１つひとつのメニューをわかりやすく解説しています。図版を見て、「やり方」を読むだけでも練習はできますが、各種アイコンがついている練習のポイントなどを読んで理解を深めることで、より効果的な練習になります。

なぜこの練習が必要なのか

なぜこの練習をするのかを説明しています。

カギとなる要素

練習の特徴や重要な要素をピックアップしています。

実践の背景

練習を取り入れた背景や、読者へのアドバイスなどをまとめています。

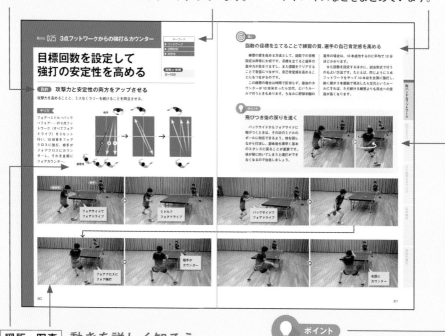

動きを詳しく知ろう

図や写真で、練習者の動きや打球のコースなどを解説しています。図版は利き手に指定がないものは右利きの選手を想定しています。写真に入っている白い矢印は体やラケットの動き、黄色の矢印はボールの軌道を示しています。

練習で大事な意識や動き

練習のポイントについて、写真などを使って解説。意識して取り組むことで、より効果的な練習になります。

そのほかのアイコン

掲載した練習法を変えて行う例を紹介しています。

●利き手について
目的や狙いなどの文章では、指定がないものについては右利きを想定して解説を行っています。
●フォアハンドとフォアドライブの表記について
野田学園の練習では上回転に対する打法はドライブが基本となるため、メニューの説明も基本的に「ドライブ」と表記していますが、初・中級者の場合は基本打法のフォアハンド、バックハンドでの実践で構いません。レベルに合わせて、少しずつ回転をかけましょう。

第 1 章

テクニック

打球の質を上げるための効率的な体の使い方、
現代卓球に必要なテクニックや考え方など、
まずは野田学園で意識している
技術的なポイントから解説していきます。

現代卓球で勝つために
必要なプレーとは？

前陣での高速プレー、両ハンドの連係を軸に強化

　野田学園で行っているさまざまな練習法を紹介する前に、この章では私が指導で意識している打法など、テクニック面でのポイントをいくつか紹介します。

　野田学園には毎年、中学から新入生が入ってくるので、彼らにはまずトップレベルで勝つ選手になるための打法を指導し、現代卓球に適したスイングにしていきます。

　技術に関して、現在私が意識していることは、「前陣での高速プレーに対応できる両ハンド」です。現代卓球は高速化が進んでおり、男子選手でも大きいラリーより前陣での打ち合いがメインとなっています。いかに前陣で早く返球をして、相手の時間を奪うかが重要になり、カウンターはもちろん、カウンターをカウンターで返す「ダブルカウンター」も多く見られます。その最も顕著な例が張本智和選手で、彼が相手に時間を与えない高速卓球という現代卓球のトレンドを作りました。

また、私が選手だった頃の日本の卓球とは違い、バックハンドが振れることも当たり前になっています。フォアがメインでバックが補助というスタイルではなく、フォアでもバックでも得点力のあるボールを打てることが必須です。またフォアハンド、バックハンドの強化は、常にそれぞれの連係を意識することもポイントの1つです。

技術の考え方は、時代とともに変化、進化

読者の方に理解していただきたいのが、卓球の打ち方には1つの正解があるわけではないということです。

次ページから、私が指導する際に意識している打法やポイントを紹介しますが、それはあくまで基本であり、どんな状況でも使えるわけではありませんし、選手全員に当てはまるとは思っていません。

ある打法を唯一の正解だと勘違いして、全部それでやろうとするとうまくいかないケースも出てくるので、状況に応じてアレンジすることを念頭に置きつつ、取り入れてください。

私が指導している内容は、他の指導者の方々や選手から学んだことがほとんどです。また常に最新のトップ選手のプレーを見て、彼らがどう打っているのかを研究し、そこから発見したものもたくさんあります。

だからこそ、私自身は「○○理論」という形で独自の考え方を確立するつもりはありません。指導法が変わることもよくありますし、数年後にはこの本で紹介した打ち方を否定している可能性もあります。

世界の卓球は日々進化しているので、指導者も1つの考え方に固執せず、常に世界のプレーにアンテナを張って、進化し続けることが大切だと感じています。

本気になれば世界が変わる
山口から世界へ羽ばたけ

フォアドライブは
股関節でパワーを生み出す

上体の回転運動は「腰を回す」ではなく「股関節を入れる」

フォアドライブの威力を上げるために、まず意識したいのが股関節の使い方です。一般的にフォアドライブでは「腰を回して打つ」という表現が使われますが、腰の関節そのものは回るように動かせません。実際には何が体の回転運動をつくるかといえば、股関節なのです。

下写真を見ると、バックスイングでラケットハンド側（左側）の股関節が曲がっています（この動きを「（左の）股関節を入れる」と表現します）。この状態からスイングを開始して、振り終わりでは反対側の股関節を入れると、上体が回って強いスイングになるのです。

股関節を使ったスイングは威力が増すだけでなく、打球点が前になって速いラリーにも対応できたり、バックハンドとの連係がやりやすいというメリットもあります。

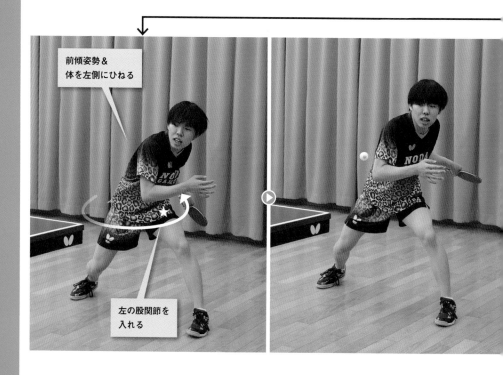

前傾姿勢＆
体を左側にひねる

左の股関節を
入れる

フォアドライブの打ち方

テクニック

両ハンド&フットワーク

攻守&カウンター

3人練習&ダブルス

多球練習

実戦力強化

ひざを曲げた
基本姿勢

右の
股関節を入れる

「前に踏み込む」では高速卓球に対応できない

ひと昔前は「フォアハンドは右足から左足への体重移動を使う」「左足で前に踏み込んで打つ」と指導されてきましたが、その動きでは、現代のスピーディーな卓球に対応できません。前後の動作が大きくなって、戻りに時間がか

かってしまうからです。

時間があるときの強打や中・後陣では前に踏み込みながら打つ状況もありますが、フォアハンドの基本としては、股関節を使った回転運動でボールを飛ばすことが大切です。

股関節で体を回すフォアドライブ（素振り）

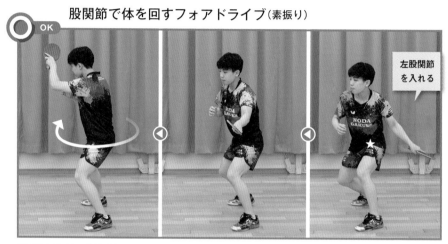

OK　左股関節を入れる

振り終わりもほぼ平行足のスタンスなので、次への対応がしやすい

前に踏み込むフォアドライブ（素振り）

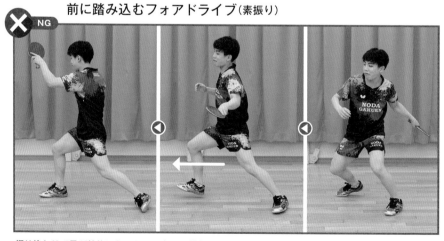

NG

振り終わりで足が前後になるので、次への対応が遅くなる

テクニック

両ハンド&フットワーク

攻守&カウンター

3人練習&ダブルス

多球練習

実戦力強化

「雑巾トレーニング」で股関節の動きを習得

うまく股関節を使えない人におすすめのトレーニングを紹介します。片方の足で雑巾を踏んでフォアドライブの素振りをするというもので、踏んでいるほうの足をスイングに合わせて左右にひねります（つま先の向きを変える）。

そうすると自然と股関節が曲がり、「股関節を入れる」動きがわかってくるはずです。

利き腕側の足で雑巾を踏むバージョン、逆足で踏むバージョンの両方を行い、股関節の動かし方を覚えていきます。

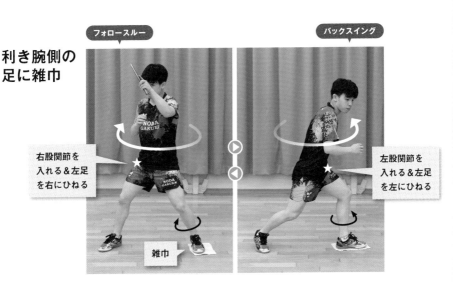

**利き腕側の
足に雑巾**

フォロースルー　　　　　　　　バックスイング

右股関節を
入れる＆左足
を右にひねる

左股関節を
入れる＆左足
を左にひねる

雑巾

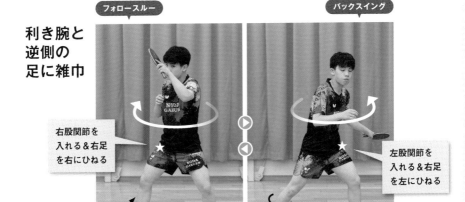

**利き腕と
逆側の
足に雑巾**

フォロースルー　　　　　　　　バックスイング

右股関節を
入れる＆右足
を右にひねる

左股関節を
入れる＆右足
を左にひねる

雑巾

15

回り込みも前に踏み込まず 股関節を使って打つ

踏み込むと戻りが遅くなって、打球タイミングが合わせづらい

回り込んでフォアドライブを打つときも股関節で体の回転をつくる意識が重要です。以前は「お尻で回って踏み込む」という指導法でしたが、それだと次の球に対応できなくなってしまいます。また、相手のドライブに対するカウンターの場合は、踏み込むと打球タイミングが合わせづらいというデメリットもあります。甘いボールを一発で決めにいくときは前に踏み込むケースもありますが、基本としては股関節を使います。

連続写真を見ると、バックスイングではしっかりと右股関節が入っており、そのあと体の回転で打球。打ったあとのスタンスは平行足（右足と左足が横に並ぶ）に近くなっているので、次の球にも素早く対応できる形といえます。

踏み込み式の回り込みフォアドライブ。振り終わりで左足が大きく前に出て、体が台の横まで入り込みすぎているので、次の球に対応するのは難しい

回り込みフォアドライブ

テクニック

両ハンド&フットワーク

攻守&カウンター

3人練習&ダブルス

多球練習

実戦力強化

17

両足を横にスライドさせる
股関節活用スイング

左足前の体重移動ではなく、平行足でスライドさせる

　股関節を使うようにすると下半身の動きも変わり、スイングと同時に両足がフォア側にスライドするようなステップになります。飛びつきの小さいバージョンというとわかりやすいかもしれません。左足→右足の順でスライドさせたら、戻り（バックスイング）では右足→左足の順でバック側にスライドさせつつ、元の位置に戻ってきます。

　従来の右足から左足へ体重移動させる動きとは異なりますが、このほうが体の回転が使えて、速い連続攻撃が可能になります（前に出ながら強打するときなど、従来の体重移動を使う場面もあります）。

　また、この動きで打球するには、極端な左足前のスタンスは適しません。下の写真を見ても、打球直後はむしろ右足が前に出ていますが、このようなスタンスで問題はなく、バックハンドが使いやすいので、両ハンドのバランスに優れた形なのです。

スライドのイメージ

足をスライドさせるフォアドライブ

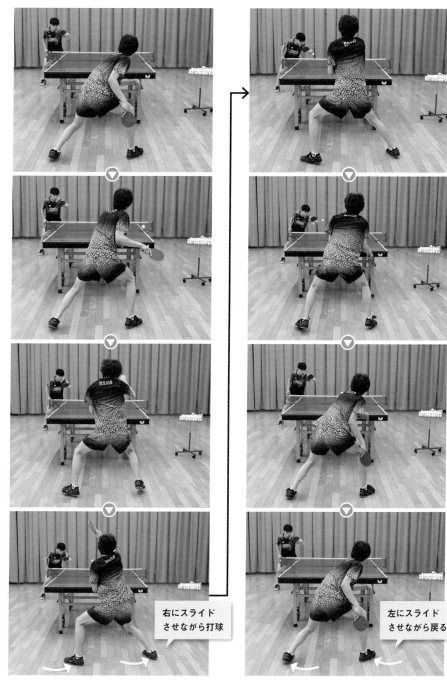

右にスライド
させながら打球

左にスライド
させながら戻る

テクニック

両ハンド&フットワーク

攻守&カウンター

3人練習&ダブルス

多球練習

実戦力強化

前傾姿勢＆腹圧でパワーを生む アッパースイング

後ろから前の水平スイングでは強くインパクトできない

もう1つフォアドライブで重視していることが、上方向に振り抜く「アッパースイング」です。ラケットを後ろから前に振る「水平スイング」のほうが威力が出やすいといわれることもありますが、水平スイングで回転をかけようとすると打球面は下に向けなければならず、ボールの上側をとらえる形になるので、強くボールをとらえるのは難しいのです（弾くスマッシュならOK）。回転をかけつつ、スピードのある

ボールにするにはアッパースイングのほうが適しています。

強く上に振り切るには、バックスイングで上体を深めに前傾させることもポイント。前傾になることで自然とラケットが下がり、打球時に強いアッパースイングが可能になります。上体を起こしたままのスイングでは威力は出せませんし、実際にトップ選手のフォアドライブもこの形になっています。

アッパースイングのイメージ

下から上に
スイング

上体が深く
前傾する

腹圧を
意識！

股関節を
入れる

テクニック

両ハンド＆フットワーク

攻守＆カウンター

3人練習＆ダブルス

多球練習

実戦力強化

アッパースイング

OK

下から上にスイングするアッパースイング。バックスイングで上体が深く前傾し、上体の起き上がりと股関節の動きを連動させてパワーを生み出す

水平スイング

NG

後ろから前にスイングする水平スイング。前傾姿勢も浅く、体の回転は使えるがアッパースイングほどのパワーを生み出すのは難しい

ポイント

「腹圧」が姿勢を安定させて、パワーを生み出す

アッパースイングでもう1つ大きなポイントになるのが「腹圧」です。腹圧とは、簡単にいうとおなか周りにかかる圧力のことで、スイング時におなかに力を加えて腹圧を高めることで姿勢が安定し、力強い打球が可能になります。

体の中心部を指す「体幹」の重要性はよくいわれていますが、野田学園では体幹に加えて、腹圧も意識させてドライブの威力アップを図っています。

ひきつれ効果を最大限に生かす「ストロンググリップ」

「サイドラインと平行」でボールを強くつかむことができる

　アッパースイングは、ラバーがボールをしっかりとつかんで、強い「ひきつれ効果」を発揮することにもつながります。

　いわゆる「薄い」とらえ方だとつかむ力が弱くなりますし、厚く、まっすぐ当てるだけではひきつれが起きません。回転とスピードを両立させるにはボールへの適切なアプローチが不可欠です。そのためのポイントがアッパースイングであり、ボールに対する「ストロンググリップ」が強打を生み出すのです。

　ストロンググリップの感覚を身につけるための練習法を紹介しましょう。多球練習で選手の

フォアサイドから出るコースに下回転を送り、フォアドライブで打球します。このとき、ラケットをサイドラインと平行にする意識でボールの外側をとらえることが重要で、この角度がストロンググリップを生み出します。逆に面を開いてボールの後方をとらえると、どんなに強く振ってもボールは下に落ちてしまうはずです。

> ※ひきつれ効果：打球の瞬間にボールが斜め方向に食い込むことでラバーが変形（横ズレ）し、それが元に戻るときの動きで回転を加えること

やり方

練習者のフォアサイドから出るコースに下回転を送り、練習者はフォアドライブで打球。最初はクロスに返球し、慣れてきたらストレートにも打つ。

練習者
（写真は左利き）

送球者

ラケットをサイドラインと平行にする

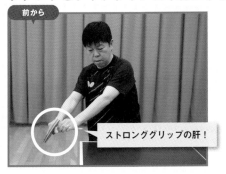

前から

ストロンググリップの肝！

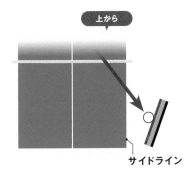

上から

サイドライン

ラケットが開く（打球面が前を向く）

前から

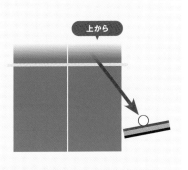

上から

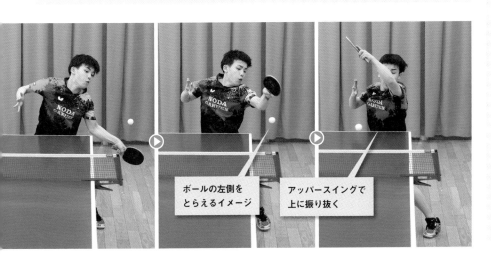

ボールの左側を
とらえるイメージ

アッパースイングで
上に振り抜く

テクニック

両ハンド＆フットワーク

攻守＆カウンター

3人練習＆ダブルス

多球練習

実戦力強化

フォアの踏み込みは「前」ではなく「下」に

左足を寄せつつ、下側に踏み込むことで上半身に力を伝える

一般的に卓球で「踏み込む」というと、足を前に出す動きをイメージしますが、その動きだと体も前に出てしまい、ラケットとボールの過度な衝突を生んだり、振り遅れてラケットの角にボールが当たるなどのデメリットがあるので効率的な動きとはいえません。

そこで紹介したいのが、地面を踏むイメージで真下に踏み込む方法です。このとき、スタンスを少し狭めるように踏み込む足を内側に寄せるのがポイントで、そうすることで下半身の力が上半身に伝わってパワーを生み出します。

踏み込みは前ではなく下、と覚えてフォアドライブのときに意識してみましょう。

踏み込み打法

股関節を入れる

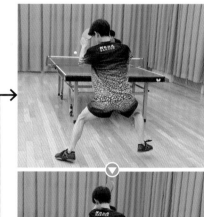

スイングと同時に利き腕と反対側の足を外側にひねりつつ体側に寄せ、下に踏み込む

体に寄せつつ下に踏み込む

時間がないときは
沈み込んで威力を上げる

沈み込むことで振り遅れない＆高い打球点で強打できる

　時間の余裕がない状況では、低い姿勢から上に伸び上がるようなスイングで強打を打つことはできません。そんなときに使いたいのが、逆に体を沈み込ませて打つ方法です。スイングと同時に両ひざを曲げて、姿勢を低くしながら打球します。

　体を沈ませることで瞬間的に股関節が使いや

すくなり、体がしっかり回って強い打球が可能になります。また体自体が下がるので、自分の姿勢に対して高い打球点でとらえることができるメリットもあります。

　ただし下半身の力がないと沈み込み打法は難しいので、使いこなせるようにするには下半身のトレーニングも必要になります。

沈み込み打法

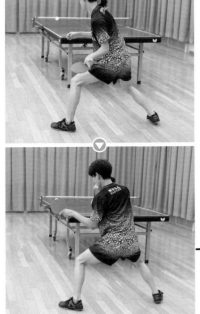

体を沈ませることで、時間がない中でも股関節を使ったスイングが可能になる

バックドライブも
アッパースイングが基本

前傾姿勢からのアッパースイングで強い回転をかける

　フォアドライブと同様にバックドライブも
アッパースイングが基本です。バックスイング
で前傾姿勢をつくったら、体を起こしながら下
から上にスイングします。ボールを強くつかむ
ことでスピードと回転を両立させたドライブに
なります。

　バックハンドは後ろから前の水平スイングで
振る人が多いですが、それだと強い回転をかけ

ることができません。ちなみに、野田学園 OB
の戸上隼輔選手（明治大学／全日本チャンピオ
ン）も入学時は上から下に押さえるタイプの水
平スイングで、なかなか強く回転をかけること
ができませんでした。少しずつアッパースイン
グを意識していったことで、現在のような鋭い
バックドライブになったのです。

バックドライブの打ち方

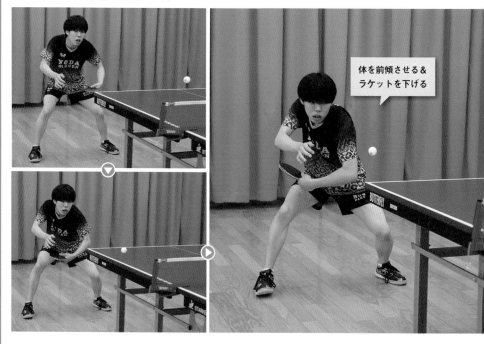

体を前傾させる＆
ラケットを下げる

アッパースイングは深い・浅いの変化に対応しやすい

アッパースイングは、打球点の変化に対応しやすいというメリットもあります。懐（体の前の空間）がつくれるため、深いボールに対して多少詰まったとしても、しっかり回転をかけて返すことができ、浅いボールも前傾姿勢を深くすることで対応できます。

水平スイングだと、深いボールに対しては詰まり、浅いボールに対してはお尻が出てしまうなど、十分な体勢で打球するのが難しくなるのです。

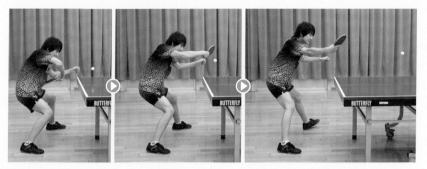

深いボールに対するアッパースイングでのバックドライブ。台に近く、十分な距離が取れていない状況でも、懐をうまく使って回転をかけることができている

下から上に振り抜くアッパースイング

テクニック

両ハンド&フットワーク

攻守&カウンター

3人練習&ダブルス

多球練習

実戦力強化

バックドライブは「アップダウン」で加速させる

打球と同時にラケットを振り下ろして威力をアップ

バックドライブでさらに威力を高める方法として、打球直後にラケットを振り下ろすスイングを野田学園では取り入れています。アッパースイングからの振り下ろし、「アップダウンスイング」でのバックドライブです。

上に振り切ってしまうとパワーがボールに伝わりづらいのですが、打球直後にラケットを下げる意識でスイングすると、インパクトに力が集約して強いドライブになるのです。

また、アップダウンを取り入れると、コンパクトなスイングでも威力を出せるので、速いラリー展開のときに効果を発揮します。

ラケットヘッドを外側に向けながら振り抜くスイングは力が伝わりづらく、速いラリーに向かない

バックドライブのスイング

ラケットは上に振り抜か
ず、打球の瞬間に下げる。
威力アップと連打のやり
やすさを兼ね備えたスイ
ングワークだ

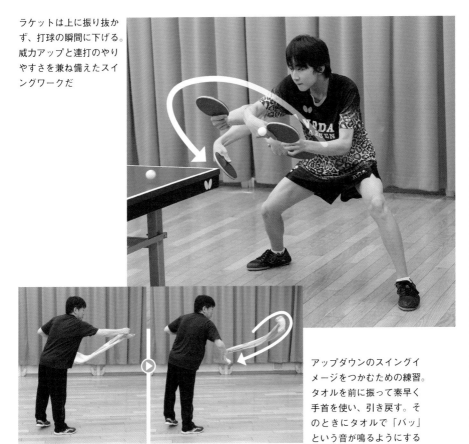

アップダウンのスイングイ
メージをつかむための練習。
タオルを前に振って素早く
手首を使い、引き戻す。そ
のときにタオルで「バッ」
という音が鳴るようにする

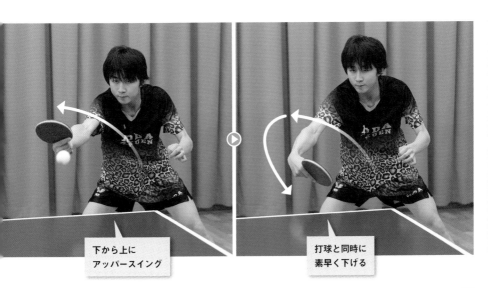

下から上に
アッパースイング

打球と同時に
素早く下げる

切り替えフットワークはフォアサイドで練習すべし

フォアサイドなら回り込み時に打球点が落ちない

　一般的にバックハンドと回り込みフォアハンドの切り替えフットワークは、バックサイドで練習するケースが多いですが、野田学園では初期の指導は、基本的にはフォアサイドで行っています。

　バックサイドだと回り込んだときに卓球台から離れすぎてしまって打球点が落ちてしまう、正しい距離感がつかみにくいというデメリットがあるからです。

　一方、フォアサイドの切り替えは、フォア・バックともに早い打球点でとらえるようになり、動きのムダがなくなります。

　以前は、フォアサイドでバックハンドを使う練習は意味がないという考えもありましたが、現代卓球ではバックハンドの比重も高まっているので、決して非現実的な練習ではないと私は考えています。

　実際に戸上隼輔選手も中学時代はバックハンド強化の一環として、このフォアサイドの切り替え練習をたくさん練習しました。

バックサイドでの回り込みは距離が空きやすい

切り替えフットワークの実践例

フォア
ドライブ

バック
ドライブ

テクニック

両ハンド&フットワーク

攻守&カウンター

3人練習&ダブルス

多球練習

実戦力強化

切り替えもアッパーを意識
両ハンドは「8の字」スイングに

「8の字」を意識することで切り替えがよりスムーズに

　両ハンドの切り替え時も、前述したアッパースイングを意識します。

　フォアドライブは前傾姿勢から上方向にスイングし、そこからバックドライブのバックスイングへ移行。バックドライブもアッパースイングで振り上げつつ、すぐにラケットを下げて、フォアドライブのバックスイングへと移ります。

　以上の流れでスイングすると、ラケットが「8の字」を描くような形となります。この8の字スイングを意識することで、よりスムーズかつ威力のある両ハンドになっていきます。

「8の字」スイングのイメージ

フォアドライブ

バックドライブ

切り替えフットワークの実践例

テクニック

両ハンド&フットワーク

攻守&カウンター

3人練習&ダブルス

多球練習

実戦力強化

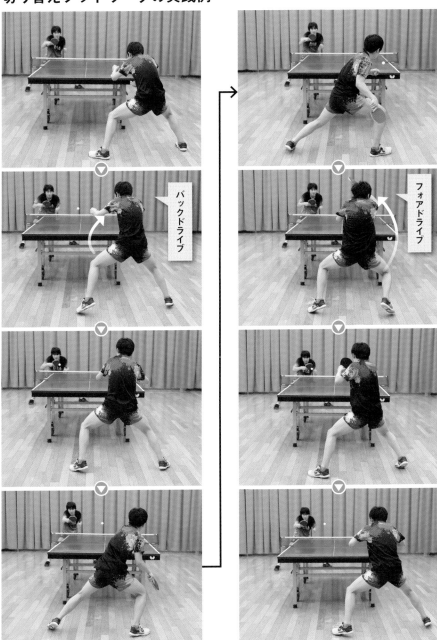

バックドライブ

フォアドライブ

30〜31ページで解説したフォアサイドでの切り替えフットワークを後ろから見たもの。
スイングは「8の字」になっている

戸上の躍進のきっかけとなった ハーフスイング打法

前陣でのコンパクトスイングを身につけ、張本選手に勝利

　野田学園OBで、全日本選手権2連覇の戸上隼輔選手。2023年の全日本選手権の決勝では張本智和選手に勝利していますが、その勝因の1つが「ハーフスイング」というテクニックです。

　以前の戸上選手は、豪快なスイングが魅力である一方、速いラリー展開に弱いという課題がありました。それまでの張本選手との試合でも相手のブロック、カウンターで左右に動かされ、

振り遅れて後ろに下げられる展開が多く見られました。

　そこで戸上選手が取り組んだのが、前陣で相手のカウンターを打ち返すためのコンパクトなフォアドライブ。それが半分のスイングで打球する「ハーフスイング」です。

　ハーフスイングを身につけたことで、張本選手の超高速プレーにも対応できるようになり、勝利することができたのです。

コンパクトなフォアドライブでラリーに対応する戸上選手（写真提供：卓球レポート／バタフライ）

スイングを半分の大きさにして、沈み込みながら打球

　ハーフスイングは通常よりも小さいスイングにするだけなので、決して難しい技術ではありません。バックスイング、フォロースルーともに小さくして、スイングの幅をコンパクトにし

ます。下半身の使い方としては、ハーフスイングは上に伸び上がらず、体を沈ませながら打つのがポイントです。

通常のフォアドライブ

ハーフスイングのフォアドライブ

テクニック

両ハンド&フットワーク

攻守&カウンター

3人練習&ダブルス

多球練習

実戦力強化

対カウンターで
ハーフスイングを習得

コンパクトにせざるを得ない状況で練習する

　ハーフスイングの練習法は難しくありません。基本的には、時間がない状況で打球する練習を繰り返せば、スイングをコンパクトにせざるを得ないので、自然と習得できます。

　一例として、選手2人で行う多球練習を紹介します。練習者が下回転に対してドライブを打ち、もう1人がカウンターブロックで返球。それをハーフスイングで打ち返すというものです。

　最初はワンコースで行い、徐々にブロック側の返球の幅を広げていき、またバックハンドでのハーフスイングも練習。最終的には全面にブロックしてもらい、両ハンドで打ち返します。

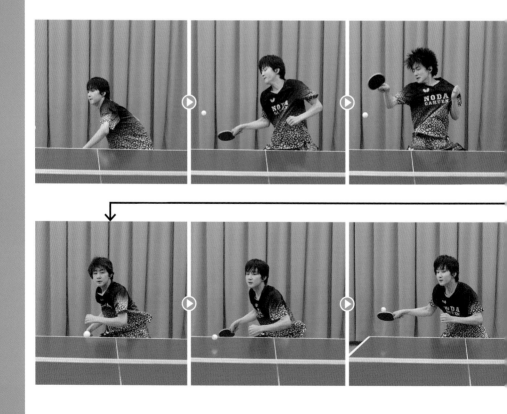

やり方 ▷

① 送球者がフォア側に下回転を送る
② 練習者Aがフォアドライブ
③ 練習者Bがフォア側にカウンターブロック
④ Aがハーフスイングでフォアドライブ（クロスとストレート）

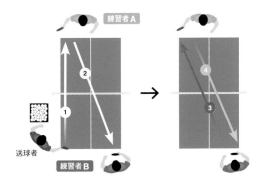

送球者

練習者A

練習者B

練習者A

練習者B

下回転を
フォアドライブ

相手のブロックを
ハーフスイングで
ストレートに返球

ハーフスイングの
バックドライブ

アップダウンスイングを意識することで低く鋭い打球になる

バックドライブでもフォアドライブと同様に、ハーフスイングが必要になります。

コンパクトなスイングで威力を上げるには、前述した「アップダウンスイング」がポイント。打球と同時にラケットを振り下ろすことでボールが浮き上がらず、鋭い弾道で入りやすくなります。

また、ハーフスイングでのバックドライブはストレートに打てるようになると、かなり得点力の高い武器になります。

練習法としてはフォアドライブと同じく、選手2人で行う多球練習で、カウンターブロックに対しての打球を繰り返します。

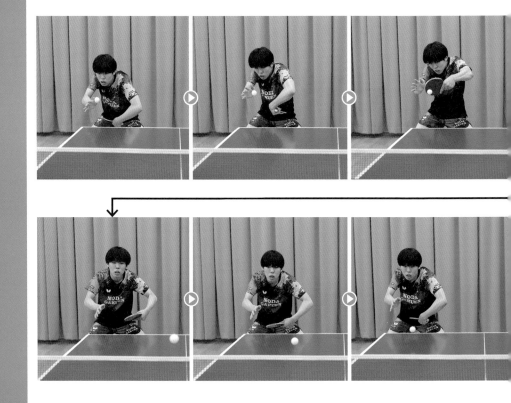

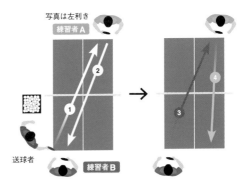

やり方

① 送球者がバック側に下回転を送る
2 練習者Aがバックドライブ
③ 練習者Bがバック側にカウンター
　ブロック
④ Aがハーフスイングでバックド
　ライブ（クロスとストレート）

写真は左利き

練習者A

練習者B

送球者

練習者A

練習者B

下回転を
バックドライブ

相手のブロックを
ハーフスイングで
ストレートに返球

打球と同時に
振り下ろす

試合で勝つための
ハーフロングの考え方

出る・出ない、エンドラインという境界線をなくしていく

　台から出るか出ないか、微妙な長さのボールである「ハーフロング」に対するフォアドライブを見ると、勝つ選手と勝てない選手にはある違いがあります。勝つ選手は、台から出る・出ないにかかわらず、攻められる高さのボールであればフォアドライブで攻めます。一方、勝てない選手はあくまで「出るか出ないか」で判断するため、出ないボールは攻められませんし、出るボールへの攻めもワンテンポ遅れてしまいます。

　ハーフロングに対しては「出る・出ないの判断が重要」と言われてきましたが、そこに執着しすぎるとトップでは勝てません。エンドライ

ン・サイドラインという「境界線」の意識はできる限りなくし、どの長さでも攻められるようにフォアドライブを強化すべきです。

　また、ボールの待ち方も「長いボールを待って、短かったら対応」が一般的ですが、逆の「台上を待って、長かったら対応」も必要です。両方の待ち方を状況に応じて使い分けることで境界線の意識が薄まり、「ボーダーレスな攻め」が可能になります。

　勝つ選手は自分がどう返したかによって常に相手の返球を予測し、台の中と外、どちらで待つべきかが自然と判断できます。だからこそ、際どいボールに対しても攻められるのです。

エンドライン上でボールをとらえる意識で振り抜く

ハーフロングのボールをフォアドライブで打てるようにするために、まずはエンドライン上でボールをとらえる練習を行います。慣れてきたら、少し短めのボールを送ってもらい、攻められる範囲を広げていくだけです。しっかり振り抜いて、フォロースルーが台の中に入っていくイメージでスイングします。

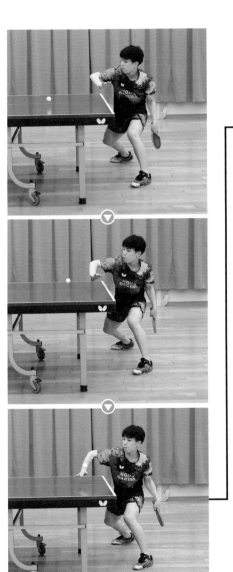

エンドライン上でボールをとらえる

「ワンステップ」カウンターで高速ラリーに対応する

足を踏み出すタイミングで同時にインパクト

　フォアサイドに来る強打に対してフォアカウンターで打ち返す際に必要になるのが、素早く外側の足を横に出しながら打球するテクニックです。このとき、足を出すタイミングと打球を合わせるのがポイントで、同時にすることで最小限の動きで威力を出すことができ、なおかつ打球点が遅れないので、相手に時間を与えないというメリットが生まれます。

　フォア側の遠いボールに対して飛びつきに近い足の運びになる選手がいますが、それだと打球点が遅れてしまい、打球後の体勢も崩れるので、返せたとしても苦しい展開になってしまいます。

　現代卓球では、いかにして少ない時間の中で威力を出して、かつ相手の時間を奪うかが大きなポイントになります。そこで相手を上回るためには、このカウンターやハーフスイングなど高速ラリーに対応するためのテクニックが必要になるのです。

ワンステップカウンター

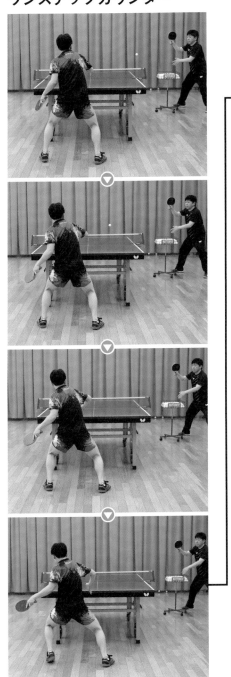

足を出すと同時に
インパクト

テクニック

両ハンド&フットワーク

攻守&カウンター

3人練習&ダブルス

多球練習

実戦力強化

フリックはつま先の接地と同時にインパクト

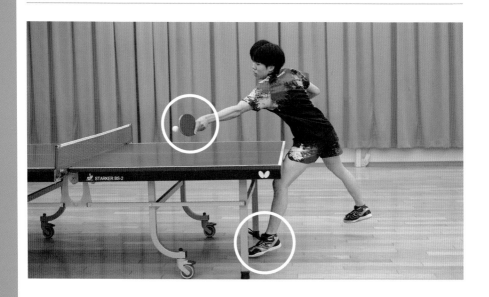

つま先から入れば、威力アップ＆振り遅れない

　現代卓球はチキータが台上攻撃の軸となっていますが、だからこそ使う選手が少なっているフォアフリックの重要性が高まっていると感じています。

　フォアフリックで意識したいのが、利き腕側の足を前に踏み出し、つま先の接地と同時に打球するということです。「先に足を出しておき、下半身を安定させて打つ」と指導するケースもありますが、実際にはボールが来る前に足を出すというのは現実的ではありません。つま先と同時ならば簡単に間に合いますし、さらにこの打ち方のほうが威力を出しやすいというメリットもあるのです。

　これはフリックだけでなく、時間がないときの台上フォアドライブにも活用できるポイントです。

ストップのときは「かかと」から入るのが基本

44

フォアフリックの入り方

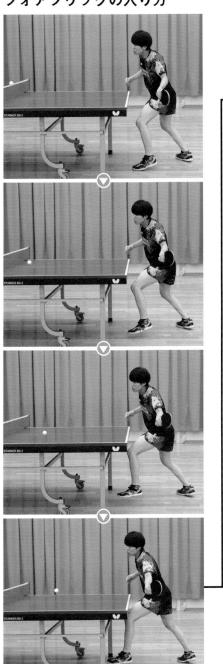

接地と同時に
インパクト

テクニック

両ハンド&フットワーク

攻守&カウンター

3人練習&ダブルス

多球練習

実戦力強化

安定性と回転量を上げる ツッツキのポイント

横に引っ張れば、 飛距離を抑えつつ切れる

　ツッツキのスイングは「ひじを支点にラケットを前に押し出す」と指導することが多いですが、後ろから前にラケットを動かすとオーバーミスしやすくなり、また回転を見誤るとすぐに浮いてしまいます。

　ツッツキは横に引っ張るイメージでこするのがポイントです。そうすると回転がかかって、飛距離を抑えることができるので、しっかりと台の中にボールが収まってくれるのです。

前に押す打ち方は飛距離と高さのコントロールが難しい

ツッツキ

横に引っ張るようにスイング

第2章

両ハンド＆フットワーク

バランスよく両ハンドを振れることが
現代卓球に不可欠な要素です。
高速ラリーに対応するための
さまざまな練習メニューを紹介します。

両ハンドの連係と
フットワークを強化

キーワード
▶ 両ハンドの切り替え
▶ フットワーク
▶ 8の字スイング

回数or時間
8〜10分

目的 両ハンドの切り替えの基本的な動きを身につける

フォアサイド、バックサイドのそれぞれで切り替えを行うことで、切り替えとフットワークを強化。32ページで紹介した8の字スイングも意識し、スムーズな両ハンドの連係を身につける。

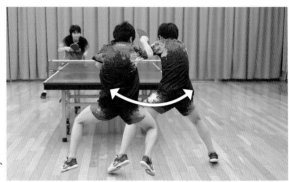

フォアサイドの切り替え（30ページ）の基本練習に慣れたら、この練習に取り組んでみよう

フォアサイドで
フォアドライブ

バックサイドで
バックドライブ

テクニック

両ハンド&フットワーク

攻守&カウンター

3人練習&ダブルス

多球練習

実戦力強化

やり方

❶フォアサイドでフォアドライブ、❷フォアサイドでバックドライブ、❸バックサイドでバックドライブ、❹バックサイドでフォアドライブを繰り返す。相手はフォアサイドもしくはバックサイドでバックハンド。

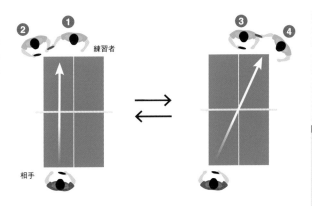

✂️ **アレンジ**

20本連続で続けて、得点できたら相手と交代

野田学園でこの練習を行うときは、緊張感と練習の質を高めるために、「ラリーを20本ノーミスで続けて、練習者が21本目を全面に強打してからフリー。練習者が得点したら、相手と交代（自分が回す係になる）」というルールでやっています。このようなアレンジは、そのほかの練習でもいろいろとルールを変えながら取り入れています。

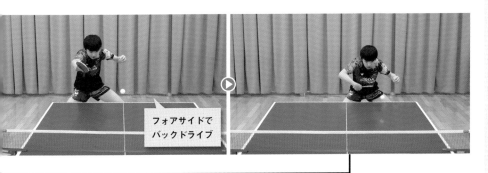

フォアサイドでバックドライブ

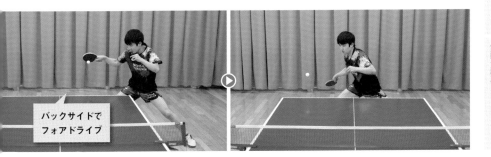

バックサイドでフォアドライブ

回転運動を意識した
バックドライブ強化

回数or時間
8〜10分

目的　フォアサイドの切り替え＆バックドライブで
上体の回転運動を意識

フォアサイドでの切り替えで体の回転運動を意識したスイングを習得。その後の
バックドライブではバックサイドに動きながらのスイングを身につける。

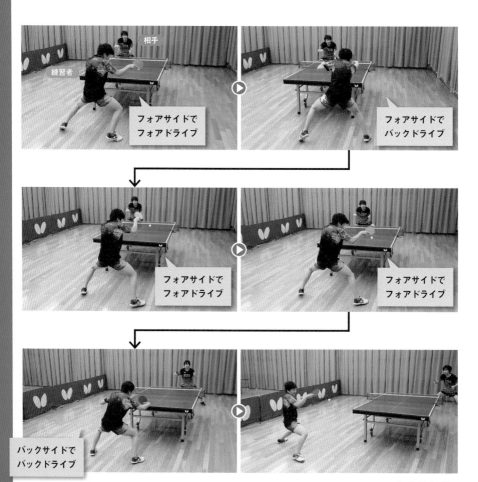

相手

練習者

フォアサイドで
フォアドライブ

フォアサイドで
バックドライブ

フォアサイドで
フォアドライブ

フォアサイドで
フォアドライブ

バックサイドで
バックドライブ

▶以後、フリー

テクニック

両ハンド＆フットワーク

攻守＆カウンター

3人練習＆ダブルス

多球練習

実戦力強化

やり方

フォアサイドで❶フォアドライブ、❷バックドライブ、❸フォアドライブ、❹バックドライブ、❺フォアドライブ、❻フォアドライブ、相手がバックに返球し、❼バックサイドでクロスにバックドライブからのフリー

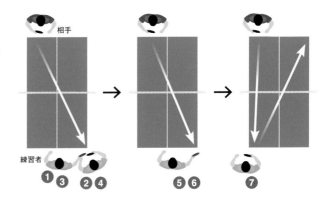

相手

練習者
❶❸ ❷❹ ❺❻ ❼

ポイント

サイドにステップしつつ、上体を右にひねりながらバックドライブ

バックサイドの遠いボールに対して、攻撃的なバックドライブを打てるようにすることも、この練習の目的の1つです。このときは「動いてから打つ」ことは時間的にも無理なので、「動きながら打つ」ことがポイントになります。バックサイドに両足でステップしつつ、上体を右側にひねる動きを加えて強いバックドライブを打ちましょう。

バックサイドに両足でステップ

上体を右にひねりながらバックドライブ

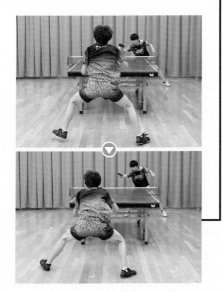

キーワード
▶ 両ハンドの切り替え
▶ 回り込み強打
▶ ブロック

体の回転運動を意識した回り込みフォア強打

回数or時間
8〜10分

目的 回り込みからの強打＆全面ブロックの強化

バッククロスのラリーから回り込みフォア強打へのつながりを強化するメニュー。
相手としては、全面への強打に対するブロック強化となる。

練習者　相手

バックサイドで
フォアドライブ

バックサイドで
バックドライブ

バックサイドで
フォアドライブ

やり方

バックサイドでフォアドライブと
バックドライブの1本ずつの切り
替えを行い、好きなタイミングで2
本続けてフォアドライブをし、2本
目を全面に強打。相手が全面にブ
ロックしてからフリー。

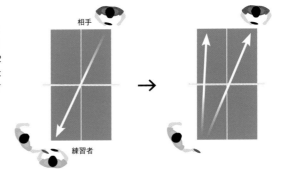

相手

練習者

ポイント

回り込みは踏み込まず
体の回転で打つ

　回り込み強打は、左足で前に踏み
込むのではなく、体の回転運動を意
識してスイングすることが重要です。
それにより、次の球のブロックに対
しても連続攻撃が可能になります。

相手は
バック待ち

2本目のフォアドラ
イブは全面に強打

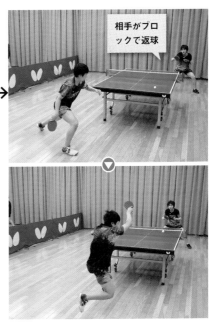

相手がブロ
ックで返球

▶以後、フリー

53

バッククロスからの
バックストレート強化

回数or時間
8〜10分

目的　得点力の高いバック＆フォアストレートの連係を習得

バックストレートへのバックハンドからのフォアストレートという得点力の高いコンビネーションを習得。相手としては突然来るストレートへのボールの対応力をつける練習となる。

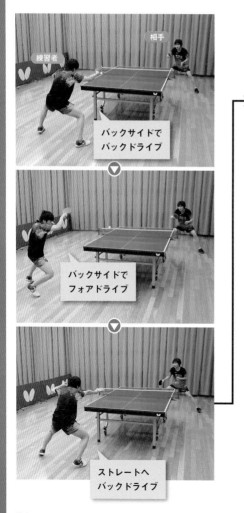

練習者　相手
バックサイドで
バックドライブ

バックサイドで
フォアドライブ

ストレートへ
バックドライブ

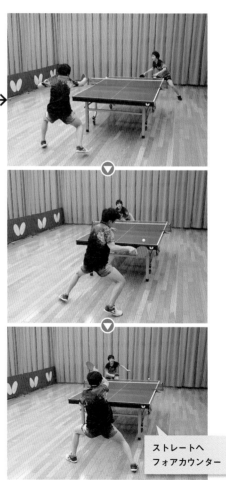

ストレートへ
フォアカウンター

▶以後、フリー

テクニック

両ハンド&フットワーク

攻守&カウンター

3人練習&ダブルス

多球練習

実戦力強化

バックサイドでフォアドライブとバックドライブの1本ずつの切り替えを行い、好きなタイミングでストレートにバックドライブ（2回連続バックドライブもOK）。フォアクロスに来たボールをストレートにカウンターをしてからフリー。

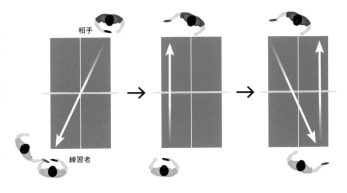

相手

練習者

ポイント

横に引くイメージでストレートに飛ばす

　バックストレートへの打球は、ラケットを前に押し出すのではなく、アップダウンスイング（28〜29ページ）のイメージで少し横に引くことがポイント。そうすることでクロスとストレートのスイングが同じになり、コースがわかりにくくなります。

　打球後はフォアクロスへの返球に備えて、フォアサイドへ移動しておくことも重要です。

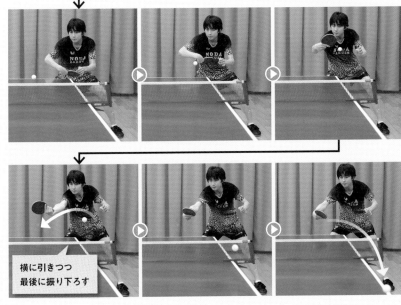

横に引きつつ
最後に振り下ろす

キーワード
▶ フットワーク
▶ カウンター
▶ 対応力

実戦的な
フットワークを鍛える

回数or時間
8〜10分

目的 相手からの反撃も考慮してフットワークをする

基本のフットワーク練習に不規則な要素を加えて、より実戦的な動きを習得。自分が攻めている展開から相手にカウンターを打たれたときの対応力も磨く。

狙い

フットワーク練習の中にも実戦的な要素を追加する

一般的なフットワーク練習はコースが決まっており、ラリーを長く続けるメニューが多いですが、それだけでは実戦的な動きは養われません。このようにフットワーク練習の中に不規則な要素、しかも相手に攻められる展開を加える

ことで、相手の攻めに警戒しつつ左右に動くという実戦的なフットワークになるのです。うまくアレンジして、フットワーク練習にも実戦的な要素を足すことで練習効果は高まります。

相手

練習者

フォアサイドで
フォアドライブ

バックサイドで
フォアドライブ

やり方

フォア→ミドル→バック→フォア……
で動く3点フットワーク（図①～❸
／すべてフォアドライブ）を行い、相
手はバックハンドで回しながら、好き
なタイミングで回り込み、全面にフォ
アカウンターをしてからフリー。

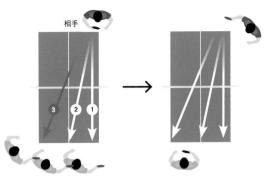

相手

練習者

ポイント

カウンターは伸び上がらず、沈み込みながら低い姿勢で打つ

ブロッカー側の
カウンターは、沈
みながら低い姿勢
で打つことがポイ
ント。伸び上がる
とボールも浮き上
がってしまうので
注意しましょう。

ミドルで
フォアドライブ

相手が回り込んで
フォアカウンター

▶以後、フリー

キーワード
▶ フットワーク
▶ ランダム練習
▶ 対応力

不規則性を追加した
フットワーク練習

回数or時間
8～10分

目的　フットワークの中の対応力を鍛える

基本のフットワーク練習に不規則な要素を追加し、予測が外れたときの足さばき、対応力を養う。

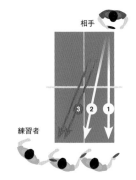

やり方

フォア→ミドル→バック→フォア……で動く３点フットワーク（図①〜❸／すべてフォアドライブ）で基本は１本ずつだが、時々同じコースに２本続けて送ってもらう。

フォアサイドで
フォアドライブ

バックサイドで
フォアドライブ

バックハンドを使うなど、さまざまなパターンを練習する

写真ではバックに来た2本目をフォアドライブで対応していますが、これをバックドライブで打つのもOKです。2本続けて来たときの対応は各選手のやりやすい形で問題ありません。

また練習法も、ここではすべてフォアドライブで打つメニューとして紹介していますが、このほかにミドル、バックサイドのボールはバックドライブで打球するバージョン（右図）もやっ

ています。足を使ってフォアで攻めることも大切ですし、両ハンドで柔軟に対応することも大切なので、1つのメニューにこだわりすぎず、さまざまなパターンを取り入れることが対応力を高めるポイントの1つです。

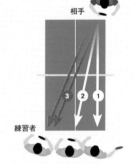

相手

練習者

ミドルとバックサイドをバックハンドで打球するパターンでもやってみよう

テクニック

両ハンド&フットワーク

攻守&カウンター

3人練習&ダブルス

多球練習

実戦力強化

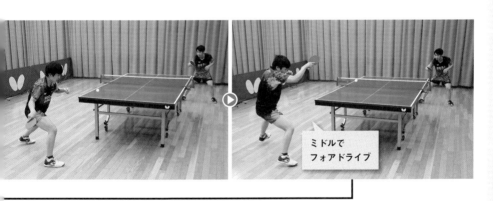

ミドルで
フォアドライブ

もう一度バックサイドへ返球

懐をつくって
対応する

再びバックサイドで
フォアドライブ

目標回数を設定して
強打の安定性を高める

回数or時間
8〜10分

目的　攻撃力と安定性の両方をアップさせる

攻撃力を高めることと、ミスなくラリーを続けることを両立させる。

やり方

フォア→ミドル→バック →フォア……の3点フットワーク（すべてフォアドライブ）を3セット行い、10球目をフォアクロスに強打。相手がフォアクロスにカウンターし、それを全面にフォアカウンター。

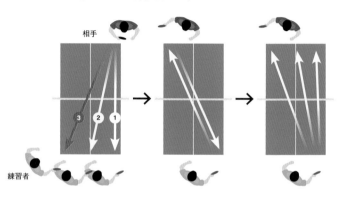

相手

練習者

練習者

相手

フォアサイドで
フォアドライブ

ミドルで
フォアドライブ

フォアクロスに
フォア強打

相手が
カウンター

テクニック

両ハンド&フットワーク

攻守&カウンター

3人練習&ダブルス

多球練習

実戦力強化

回数の目標を立てることで練習の質、選手の自己肯定感を高める

　練習の質を高める方法として、回数での目標設定は非常に大切です。目標を立てると選手の集中力が高まりますし、また課題をクリアすることで自信につながり、自己肯定感を高めることにもつながるのです。

　この練習の場合は時間で区切らず、最後のカウンターが10本決まったら交代、というルールで行うときもあります。ちなみに野田学園の選手の場合は、10本成功するのに平均で10分ほどかかります。

　また回数を設定するほかに、試合形式で行うのもよい方法です。たとえば、同じように3点フットワークをやって10本目を全面に強打し、動く側が3本連続で得点したら交代というルールにすれば、ただ続ける練習よりも得点への意識が高くなります。

飛びつき後の戻りを速く

　バックサイドからフォアサイドに飛びつくときは、その次のミドルのボールに対応できるよう、体を回しながら打球し、着地後も素早く基本のスタンスに戻ることが重要です。体が横に向いてしまうと連打ができなくなるので注意しましょう。

バックサイドで
フォアドライブ

全面に
カウンター

戸上隼輔が取り組む ドライブ強化メニュー

回数 or 時間
8〜10分

目的 両ハンドの対応力、コースの正確性を高める

全面に来るボールに対して、フォアドライブ・バックドライブをスムーズに切り替え、かつ正確にコースを狙って打ち返す能力をつける。

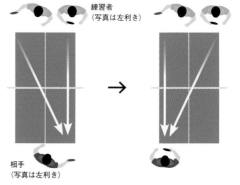

練習者
（写真は左利き）

相手
（写真は左利き）

やり方

練習者は全面ランダムに来る相手のブロックに対して、両ハンドでフォアサイド、バックサイドに2本ずつ打ち返す。相手はフォアブロック、バックブロックを2本ずつ、全面に返す。

相手　練習者

フォアサイドに ドライブ（1本目）

フォアブロック

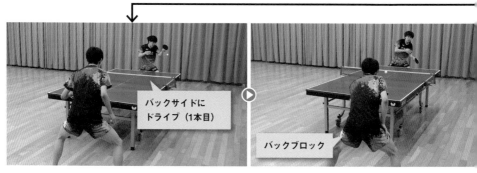

バックサイドに ドライブ（1本目）

バックブロック

狙い

全習法と分習法のよさを併せ持った効率的メニュー

これは、海外のチームで学んできた戸上隼輔選手から教えてもらったメニューで、ドライブとブロックを効率よく鍛えることができます。

練習には全部の展開を含めた実戦に近い「全習法」と、個々の技術を強化する「分習法」があり、それぞれにメリットがあります。この練習メニューはそれら両方のよさを併せ持っており、実戦的な力を磨けるうえに、規則的な部分もあるのでラリーが続いて効率がよいという側面もあるのです。

実際に野田学園で取り入れた結果、距離感、タイミング、コースの打ち分け、フットワーク、反応などが自然とよくなり、ドライブが大きくレベルアップしました。

全習法と分習法、ランダム要素と規則的な要素のバランスという考え方は、うまく組み合わせることで練習の質を大きく高めることができるので、新しいアイデアでいろいろと試してみるとよいでしょう。

ポイント

安定性よりもボールの質を重視。威力のあるドライブを打つ

野田学園でこの練習を行う場合は、安定性重視でミスなく続けるのではなく、ボールの質を重視し、より厳しいドライブにすることを心がけています。最初はなかなか続きませんでしたが、慣れてからは強いドライブでもラリーが続くようになってきました。

フォアサイドにドライブ（2本目）

フォアブロック

バックサイドにドライブ（2本目）

バックブロック

▶以後、繰り返し

ミドルを両ハンドで
スムーズに対処する

▷ キーワード
▶ ミドル処理
▶ 両ハンドの切り替え
▶ フットワーク

回数or時間
8～10分

目的

両ハンドでのスムーズな
ミドル処理を身につける

ミドルのボールに対して、両ハンドでス
ムーズに打ち返せるようにする。

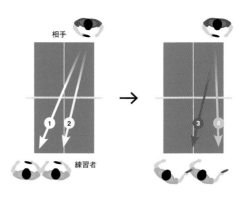

相手

練習者

やり方

①バック、②ミドル、③ミドル、④フォア
の順番で相手に打ち返してもらい、それを
両ハンドで返球。①～④を繰り返す。

練習者　　　　　　　　　相手

バックサイドで
バックドライブ

ミドルで
バックドライブ

ミドルで
フォアドライブ

フォアサイドで
フォアドライブ

▶以後、繰り返し

テクニック

両ハンド&フットワーク

攻守&カウンター

3人練習&ダブルス

多球練習

実戦力強化

狙い

両ハンドを使ってミドルの柔軟性、対応力を高める

ミドル処理の強化も勝つためには欠かせない要素の1つであり、野田学園でもさまざまな練習で強化しています。この練習は比較的最近取り入れている練習で、いわゆる3点フットワークでミドルを2本にするというシンプルなものですが、対ミドルの動きをよりスムーズに習得できます。

ミドル処理で意識したいのが、状況に応じて両ハンドを使い分けることです。ひと昔前は、「ミドルは足を使ってすべてフォアハンドで取る」と指導するケースも多く見られましたが、近年の若い選手はバックハンドが上手なので、バックで処理するケースも増えています。威力はフォアハンドのほうがありますが、バックハンドは早

い打球点でとらえられるので、相手の時間を奪えるというメリットがありますし、前陣での高速ラリーではすべてフォアで処理するのは現実的ではないという理由もあります。

このミドル2本の3点フットワーク練習でも、ミドルのボールはフォアハンドとバックハンドの両方を使うことがポイントです。さまざまな取り方を練習しておくことで、実戦でのミドルへの対応力も高まってきます。

ミドル強化は重要なポイントの1つ。ミドルのボールをバックカウンターで返すテクニックも取り組んでいる
（詳しくは91ページ）

アレンジ

フォアから始まるバージョンやミドルをランダムにするバージョンも

同様の練習として、フォア→ミドル（2本）→バックで行うバージョンもあります（右図）。ミドル処理も、フォアハンドからのミドル、バックハンドからのミドルで動き方は変わるので、両方向の練習をやることがとても重要です。

さらに難易度を高めるのであれば、ミドルを1本または2本というように不規則性を追加するのもよい方法です。

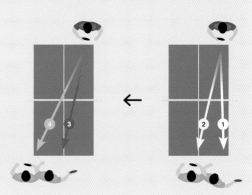

バックハンドからの
ミドルorフォア強化

キーワード
▶ ミドル処理
▶ 両ハンドの切り替え
▶ ボディワーク

回数or時間
8〜10分

目的　バックハンド後のミドル処理を鍛える

両ハンドのバランスを鍛え、実戦のラリーに
強くなるための切り替え練習。一般的な切り
替え練習（フォア・バック交互）にミドルを
加えて、ミドル処理を同時に強化する。

やり方

①バックサイドに来るボールをバックドライブ、
②フォアサイドもしくはミドルに不規則に来る
ボールをフォアドライブで返球。相手はバック
サイドでバックハンド。

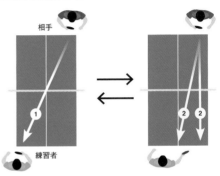

相手

練習者

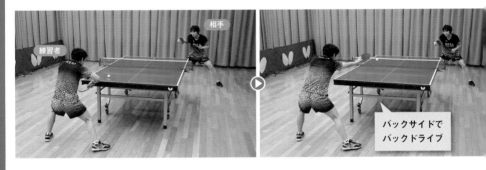

練習者　相手

バックサイドで
バックドライブ

バックサイドで
バックドライブ

対ミドルはボディワークで懐をつくる

この練習のポイントはミドル処理。相手の返球をよく観察して、できる限り詰まらずに返球しましょう。詰まり気味に打つときはボディワークを使って、おなかの前に「懐をつくる」ことがポイントです。腹圧を意識して、体勢を崩さずに打球します（下写真）。ほかにも、右足を少し下げることで懐をつくる方法もあります。

テクニック

両ハンド&フットワーク

攻守&カウンター

3人練習&ダブルス

多球練習

実戦力強化

懐がつくれず詰まると体勢が崩れる

フォアサイドでフォアドライブ

ミドルでフォアドライブ

▶以後、繰り返し

キーワード
▶ ミドル処理
▶ 両ハンドの切り替え
▶ ボディワーク

フォアハンドからの ミドルorバック強化

回数or時間
8〜10分

目的　フォアハンド後のミドル処理を鍛える

メニュー 028 の別バージョンで、フォアサイドをフォアハンドで打ったあとのボールがミドルかバックサイドに来る。フォアハンドからのミドル処理を強化し、両ハンドのバランスを鍛える。

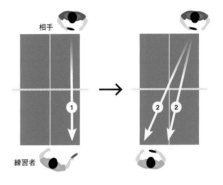

やり方

①フォアサイドに来るボールをフォアドライブ、2 ミドルもしくはバックサイドに不規則に来るボールをフォアドライブ、バックドライブで返球。相手はバックサイドでバックハンド。

フォアサイドで
フォアドライブ

フォアサイドで
フォアドライブ

ミドルはフォアハンド、バックハンドの両方で対応

　65ページでも述べたようにミドルのボール
に対しては、フォアハンドとバックハンドをス
ムーズに使い分けられるようにしたいので、
フォアハンドで取るケース、バックハンドで取
るケースの両方を混ぜて行います。

　一方で、ミドルのボールをフォア強打できる

ことも大切なので、フットワークを鍛えたいと
きは「ミドルは全部フォアで取る」というルー
ルにしてこの練習を行うこともあります。各選
手の課題や練習の目的によって、ルールをうま
くアレンジしてください。

ミドルをバックハンドで処理

バックサイドで
バックドライブ

ミドルで
フォアドライブまたは
バックドライブ

▶以後、繰り返し

テクニック

両ハンド&フットワーク

攻守&カウンター

3人練習&ダブルス

多球練習

実戦力強化

バックハンドからの ミドル強打を鍛える

回数 or 時間
8〜10分

目的 **両ハンドのバランスを磨きつつ、対ミドル強打を強化**

両ハンドのバランスとミドル処理を磨きつつ、ミドルのボールに対する強打も鍛える。

 狙い

ミドルをつなぐだけにならず、攻められるように

ミドルのボールに対しては詰まりやすく強打が難しいのですが、だからこそ強打できるようになると、ラリー展開はかなり有利に進めることができます。この練習では6本目をできる限り強く打つことを意識します。そうすることで自然とミドルに対するポジショニングが正確になり、体の使い方も習得していきます。

練習者 / 相手

バックサイドで
バックドライブ

ミドルで
フォアドライブ

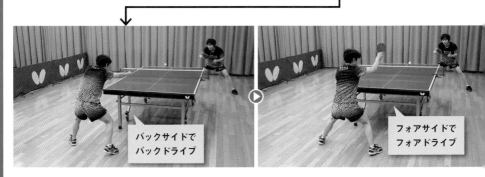

バックサイドで
バックドライブ

フォアサイドで
フォアドライブ

テクニック

両ハンド＆フットワーク

攻守＆カウンター

3人練習＆ダブルス

多球練習

実戦力強化

①バック、２ミドル、
❸バック、❹フォア、
❺バック、６ミドルに
返球してもらい、6本
目のミドルをフォア強
打（コースは自由）で
返球してからフリー。

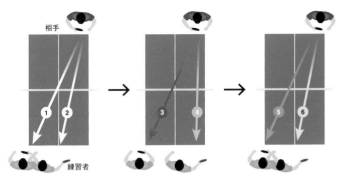

ポイント

ミドルは沈み込み
フォアドライブで強打

　6本目の強打では、25ペー
ジで紹介した沈み込み打法を
意識します。沈み込むことで
ミドルの難しいボールでも強
打しやすくなるのです。

沈み込みながら
スイング

バックサイドで
バックドライブ

ミドルで
フォア強打

▶以後、フリー

フォア　ミドル　フォア　バック　フォア

キーワード
▶ ミドル強打
▶ 沈み込み打法
▶ フットワーク

フォアハンドからの
ミドル強打を鍛える

回数or時間
8〜10分

目的　フォアハンドを軸とした切り替え＆ミドル強打の強化

フォアハンドをメインとしたメニュー030の別バージョン。両ハンドの切り替え
とミドルのボールに対する強打を強化する。

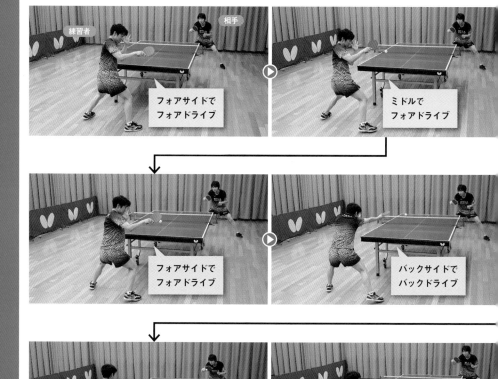

練習者　相手

フォアサイドで
フォアドライブ

ミドルで
フォアドライブ

フォアサイドで
フォアドライブ

バックサイドで
バックドライブ

テクニック

両ハンド&フットワーク

攻守&カウンター

3人練習&ダブルス

多球練習

実戦力強化

やり方

①フォア、②ミドル、
❸フォア、❹バック、
❺フォア、⑥ミドルに
返球してもらい、6本
目のミドルをフォア強
打（コースは自由）で
返球してからフリー。

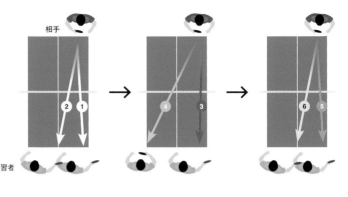

相手

練習者

ポイント

4球目から5球目の移動で
足を交差させない

　4球目バックドライブから5球目フォアド
ライブに移行するときに大きく飛びついて足
が交差すると、6球目のミドル強打ができな
いので、交差しないように気をつけます。さ
らに5球目の直後に右足で床を蹴って、ミ
ドルに素早く移動することが大切です。

狙い

フォアから&バックから
両方のミドル処理を練習

　ミドル処理は、フォアからミドルと、
バックからミドルで動き方も変わるの
で両方を行うことが大切です。そのた
め、70～71ページのB→M→B→F
と、このF→M→F→Bの2つのパ
ターンで練習を行っています。

フォアサイドで
フォアドライブ

ミドルで
体を沈ませながら
フォア強打

▶以後、フリー

フォアハンドでの
ラケット操作を鍛える

回数or時間
8〜10分

目的　フリックからの連打を強化

フォアフリックからの連続攻撃を強化すると同時に、フリックとドライブという異なる
テクニックを混ぜることでラケット操作を鍛える。

やり方

① ミドルにショートサービス
2 相手がミドルにストップ
❸ フォアフリック
❹ 相手がクロスにフォアドライブ
❺ ストレートにフォアカウンター
からフリー。

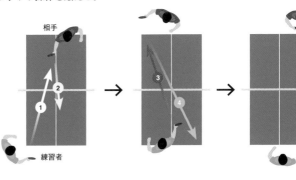

相手が
ストップ

相手が
フォアドライブ

フォア
フリック

ストレートに
フォアカウンター

▶以後、フリー

テクニック

両ハンド＆フットワーク

攻守＆カウンター

3人練習＆ダブルス

多球練習

実戦力強化

 狙い

「上回し」と「下回し」2つのスイングを柔軟に使い分ける

この練習の狙いは大きく2つあります。まず1つはフリックの強化。チキータが主流になっている近年は、若い選手のフリックの技術力が低下しているように感じています。フリックも重要なテクニックですので、日頃から取り組むことが大切です。

そしてもう1つが、技術の上達に欠かせない「ラケット操作」の向上。スイングは状況に応じて変えられる柔軟性が大切です。打ち方が固定されたり、ある1つのスイングでしか打てな

い選手は上達が遅くなってしまいます。

たとえばフォアハンド系技術の場合、通常のドライブは上回しのスイングで打球し、フリックや台上ドライブは下回しでとらえますが、ラケット操作が未熟な選手は、この使い分けが曖昧になってしまうのです。この練習を通してそれぞれの違いを理解し、意識して使い分けることで、ラケット操作は向上します。その結果、さまざまな技術の習得や実戦での対応力アップにもつながっていくのです。

フォアドライブ【上回し】

下から上に振り上げながら打球し、打球後はラケットが下がりながら元の位置に戻る

フォアフリック【下回し】

前方に振りつつ、次第に上方向のスイングになっていく。台上のボールは上回しだと台がじゃまになってボールをとらえることができない

順回転と逆回転の 打球感覚を磨く

回数 or 時間
8〜10分

目的

異なる打法を使い分けて、 打球感覚を磨く

カットとカウンタードライブという異なる2つ の打法を切り替えることで打球感覚を磨く。

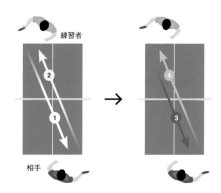

練習者

相手

やり方

①カット 2 相手がフォアドライブ
❸フォアカウンター④相手がフォアブロック
以上を繰り返す。

相手　　　　　　　練習者

フォアカット

フォアカウンター

狙い

回転に沿わせる「順回転」、逆らう「逆回転」の感覚を身につける

　卓球で上達するには、回転を自由自在に操るための打球感覚が絶対に必要であり、この能力はいろいろな打法で数多く打球しながら、体で覚えていきます。

　この練習はカットとカウンタードライブを組み合わせた練習ですが、これは相手の回転に沿わせて回転をかける「順回転」と相手の回転に逆らって回転をかける「逆回転」の2つを身につけ、使い分けられるようにすることが目的です。そしてそれらを覚えることが、その他の技術のレベルアップにもつながっていくのです。

　このような感覚練習はしっかりと時間を設けて取り組むというよりは、基礎打ちの1つだったり、休憩時間の遊びとしてだったり、選手の自主性に任せて楽しみながら行えるようにしています。

順回転（カット）　横から

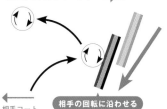

相手コート　　相手の回転に沿わせる

逆回転（カウンター）　横から

相手コート　　相手の回転に逆らう

フォアドライブ

フォアブロック

▶以後、繰り返し

テクニック

両ハンド＆フットワーク

攻守＆カウンター

3人練習＆ダブルス

多球練習

実戦力強化

キーワード
▶ ロビング＆フィッシュ
▶ 守備力
▶ 反撃

中・後陣でのしのぎ＆
反撃を強化

回数or時間
8〜10分

目的

フィッシュでしのぐ展開を鍛える

フィッシュ*、ロビング*で相手の攻撃をしのぎ、フォ
ア強打で反撃する展開を強化する。相手としては、
フィッシュに対する攻めと反撃への対応を鍛える。

やり方

練習者はバックフィッシュで全面に返球、相手は
フォア強打でラリーを続ける。フィッシュ側が好
きなタイミングで回り込みドライブで反撃したら
フリー。

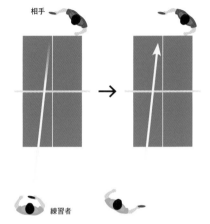

相手

練習者

＊台から離れた位置で相手の強打を返す守備的テクニック。高い軌道で返す「ロビング」と低い軌道で返す「フィッシュ」がある

相手

練習者

フィッシュは
相手コートの深くを狙う

　フィッシュで重要なのが、相手コートの深く（エンドライン側）に返すことです。浅くなると、相手の強打がかなり厳しくなるので注意しましょう。

　フィッシュが安定しないときは、インパクトが強くなっている可能性があるので、相手のボールの勢いを吸収するイメージで打球しましょう。

相手

練習者

フィッシュで
しのぐ

回り込んで
フォアで反撃

▶以後、フリー

テクニック

両ハンド&フットワーク

攻守&カウンター

3人練習&ダブルス

多球練習

実戦力強化

大会直前に行う
メンタル強化メニュー

回数 or 時間
適宜

目的　**実戦に近い緊張感をつくり、メンタルを強化する**

実戦と同じような緊張感をつくることで、プレッシャーがかかる場面でもミスなく、
正確に打ち返す強いメンタルを養う。

やり方

台の角にペットボトルを置いてフットワーク練習を行い
（メニューは各選手で決めて OK）、連続で 49 本続いたら、
50 本目でペットボトルを狙って強打。この練習をペッ
トボトルに当てられるまで続ける。

狙い

成功体験を積ませて、
試合前に自信をつける

　これは大きい大会の前日、練習の
最後にもよく行うのですが、その場
合は選手に自信をつけさせるという
目的があります。難易度の高い練習
をクリアしたという成功体験を大会
直前に積ませることで、よいイメー
ジで大会に臨めるようになるのです。
ちなみに野田学園の選手の場合は、
調子が悪いと 20 〜 30 分くらいか
かる選手もいますが、1 発で成功さ
せることも結構あります。

練習者

フットワーク練習を
49本ミスなく続ける

ペットボトルを狙って
50本目で強打

第3章

攻守&カウンター

試合は自分から攻める展開だけではないので
相手に攻められる展開を想定した練習が必要です。
そしてトップレベルでは
攻め返す「カウンター」の強化も欠かせません。

ドライブ＆ブロック
攻守の切り替え強化

キーワード
▶ 攻守の切り替え
▶ 回転運動
▶ コース取り

回数or時間
8〜10分

目的 攻守の切り替えをスムーズにする

攻撃（ドライブ）と守備（ブロック）を混ぜたラリーを行い、
それぞれの切り替えをスムーズにする。

練習者A 練習者B

フォアドライブ

バックブロック

バックハンド

テクニック

両ハンド&フットワーク

攻守&カウンター

3人練習&ダブルス

多球練習

実戦力強化

① Aがフォアドライブ
2 Bがバックブロック
❸ Aがバックハンド
④ Bがフォアドライブ
❺ Aがバックブロック
6 Bがバックハンド
以上をミドルストレート
（もしくはフォアクロス）
で繰り返す。

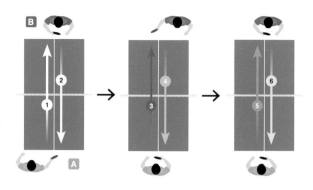

フォアドライブ

バックハンド

▶以後、繰り返し

バックブロック

狙い

攻守のバランスを磨く&
回転運動を意識したコース取り

　現代卓球では1つのラリーの中で攻めの
展開と守りの展開が目まぐるしく切り替わ
るので、攻撃から守備、守備から攻撃へと
スムーズにプレーを切り替えられる能力が
求められます。そのためには、一方は攻撃、
一方は守備と役回りが決まったメニューだ
けではなく、攻撃と守備が入れ替わる練習
を取り入れることがとても大切です。

　この練習は基本はミドルのストレート、
もしくはフォアクロスで行うこともポイン
トの1つ。体の回転運動を使ったスイング、
フォア・バックの切り替え時の足さばきな
どもスムーズに習得できます。

攻守の切り替え＆カウンター強化

回数 or 時間
8〜10分

目的　一方は攻守の切り替え、一方はカウンター強化

お互いにミドルでフォアハンドとバックハンドを切り替えながら、一方はドライブとブロックの切り替え、一方はカウンターを強化する。

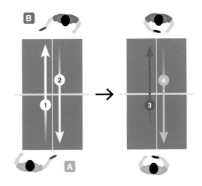

やり方

①Aがフォアドライブ
2 Bがフォアカウンター
❸Aがバックブロック
❹Bがバックハンド
以上をミドルストレート（もしくはフォアクロス）で繰り返す。

練習者A　　練習者B

フォアドライブ

バックブロック

テクニック

両ハンド＆フットワーク

攻守＆カウンター

3人練習＆ダブルス

多球練習

実戦力強化

狙い

効率よく カウンターの 精度を 高めることができる

　この練習は難易度の高いカ ウンターを効率よく強化でき るというのがメリットの1つ です。カウンターのあとにあ えてバックハンドを入れるこ とで、実戦に近い足さばきや 無駄のない動きを身につける ことができます。この練習で ミスがなくなると、試合でも 安定したカウンターが打てる ようになります。

ポイント

カウンターは おなかを 引っ込める イメージ

　前腕中心のスイン グとなるカウンター では、おなかを引っ 込めるようにスイン グするとさらに威力 が高まります。ここ でもアッパースイン グを意識して、しっ かりとボールをグ リップしましょう。

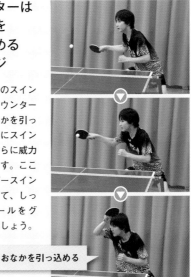

おなかを引っ込める

フォアカウンター

バックハンド

▶以後、繰り返し

85

守りから攻撃に転じる
展開を強化（フォアカウンター）

回数or時間
8〜10分

目的

ブロックからカウンターへの
切り替えを磨く

ブロックで守る展開からフォアカウンターで攻め返す
流れをスムーズに行えるようにする。

やり方

Aがミドルから両サイド交互にフォアドラ
イブを打って、Bが両ハンドブロックでラ
リーを続ける（①）。好きなタイミングで
Bがフォア側のボールをクロスにフォアカ
ウンター（2）。さらにAが全面にフォア
カウンターで返して（③）、その後はフリー。

練習者A　練習者B

フォアブロック

フォアドライブ

フォアカウンター

フォアドライブ

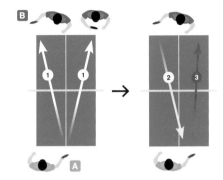

狙い

ブロックで守るだけでなく
カウンターで攻め返す

　トップレベルではブロックで守るだけでは勝てないので、チャンスを見てカウンターで攻め返すことが重要であり、この練習はその流れを身につけるためのメニューです。同時に、相手にはカウンターされたとき、さらにカウンターで攻め返す意識を持たせます。

バックブロック

フォアドライブ

フォアカウンター

▶以後、フリー

テクニック

両ハンド&フットワーク

攻守&カウンター

3人練習&ダブルス

多球練習

実戦力強化

キーワード
▶ 攻守の切り替え
▶ カウンター
▶ アップダウンスイング

守りから攻撃に転じる
展開を強化（バックカウンター）

回数or時間
8〜10分

目的

ブロックからカウンターへの切り替えを磨く

メニュー038のバックカウンターバージョン。ブロックで守る展開からバックカウンターで攻め返す流れをスムーズに行えるようにする。

やり方

Aがミドルから両サイド交互にフォアドライブを打って、Bが両ハンドブロックでラリーを続ける（①）。好きなタイミングでBがバック側のボールをクロスにバックカウンター（2）。さらにAが全面に両ハンドカウンターで返して（③）、その後はフリー。

練習者A　練習者B　フォアドライブ　バックブロック

フォアドライブ　バックカウンター

テクニック

両ハンド&フットワーク

攻守&カウンター

3人練習&ダブルス

多球練習

実戦力強化

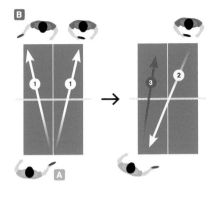

バックカウンターも アップダウンスイング

　バックカウンターのときもアップダウンスイング（28ページ）が基本となります。打球と同時にラケットを下げつつ右側に引くことで、低い弾道の鋭いボールになり、かつ次球への準備も早まります。

フォアブロック

フォアドライブ

フォアカウンター

▶以後、フリー

ミドルへの強打を
カウンターで攻め返す

回数or時間
8〜10分

目的

カウンターは
対ミドルも強化

ミドルに来るドライブに対し
て、バックハンドで攻撃的に
返球し、チャンスをつくる。

やり方

Aがバックサイドから相手のバックとミドルに交互にフォアドライ
ブを打ち、Bは左右に動きながらバックブロックで返球（①）。B
は好きなタイミングでミドルに来たボールをフォアサイドにバック
カウンターで返球し（2）、その後はフリー。

練習者A

練習者B

フォアドライブ

バックサイドでブロック

フォアドライブ

ミドルでカウンターブロック

▶以後、フリー

テクニック

両ハンド&フットワーク

攻守&カウンター

3人練習&ダブルス

多球練習

実戦力強化

ポイント

左から右へスライドさせつつ、ボールの右側をとらえるカウンター

ミドルに対するバックカウンターは、横回転を加えつつ打球することがポイントです。半円を描くようにしてラケットを左から右にスライドさせつつ、ボールの右側をとらえます。ボールには強い左横回転がかかり、相手のフォア側へ大きく曲がりながら入ります。

ボールの右側を
とらえる角度

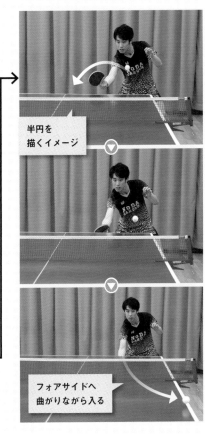

半円を
描くイメージ

フォアサイドへ
曲がりながら入る

狙い

ブロックは「バック待ちが基本、ダメならフォア」という考え方

ブロックは「バック待ち」を基本にすると安定します。相手に打たれそうになった場合は、バックハンドで構え、ミドルのボールもバックで取り、それができないフォア側のボールのみフォアブロックで返球します。「フォアか、バックか」という均等な2択で待ってしまうと対応が難しくなるからです。以上の考えをベースとして、ミドルへのドライブに対するバックカウンターも習得していきます。

キーワード
▶ 対応&反応
▶ カウンター
▶ 相手を見る

相手を見て動く
「反応」を鍛える

回数or時間
8〜10分

目的　**相手の動作を見てからカウンターに移る**

バック対バックのラリーの中で相手の回り込み動作を確認してから、自分も回り込みカウンター
を仕掛ける練習で、相手の動きへの「対応」「反応」を養う。

練習者B

練習者A

バック対バック
のラリー

回り込みドライブ

Aを見て、Bも
回り込みを開始

回り込み
カウンター

テクニック

両ハンド&フットワーク

攻守&カウンター

3人練習&ダブルス

多球練習

実戦力強化

バック対バックのラリー
（①）の中で好きなタイ
ミングでAが回り込み
フォアドライブをしたら
（②）、Bが回り込みカウ
ンターでバッククロスに
返球（③）。さらにそれ
をAがダブルカウンター
をして（④）、その後は
フリー。

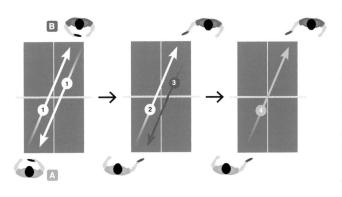

▶以後、フリー

狙い

相手の動きを早めに察知し、素早くカウンターに移行する

　カウンターを強化するためには、打法やドライブを正確にとらえる感覚も重要ですが、加えて必要になるのが攻めようとする相手の動きを早めに察知し、自らがカウンターへ素早く移行していく能力です。ここで紹介するような「相手の動作によってこちらの動作を変える」練習を取り入れることで、相手を観察する意識が高まり、攻めへの対応力が向上するのです。

ポイント

打球時にボールを見すぎない

　打球時にボールを見過ぎてしまうと、相手の動きが把握できなくなります。打つときは相手とボールの両方を見るようなイメージで、視野を広くすることが重要です。このような目の使い方は、基礎練習から意識しておくことで次第に慣れていきます。

ボールを凝視するのは NG

相手も視界に入れつつ
打球する

3つの練習法で段階的に カウンターを強化

回数 or 時間
8〜10分

目的

カウンター対カウンターの ラリー練習で精度を高める

前陣でカウンターを打ち合うラリー練習を することで、カウンターの精度、安定性を 高める。

● 段階的にカウンターを習得する

STEP1　半面N字カウンター

半面で規則的に打ち合う（フォアのみ・バックのみ）

STEP2　全面N字カウンター

全面で規則的に打ち合う（両ハンド）

STEP3　全面ランダムカウンター

全面でランダムに打ち合う（両ハンド）

半面N字カウンター（フォア）

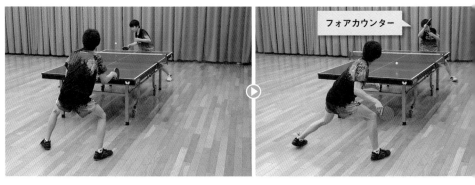

フォアカウンター

フォアカウンター

テクニック

両ハンド&フットワーク

攻守&カウンター

3人練習&ダブルス

多球練習

実戦力強化

STEP 1 半面N字カウンター

①N字フォアカウンター

やり方

フォア半面でのN字ラリー（①〜④）をすべてフォアカウンターで打ち合う。

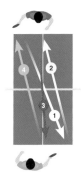

②N字バックカウンター

やり方

バック半面でのN字ラリー（①〜④）をすべてバックカウンターで打ち合う。

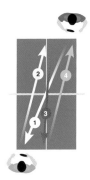

フォアカウンター

フォアカウンター

▶以後、繰り返し

STEP 2 全面N字カウンター

やり方

全面でのN字ラリー（片方がクロス、もう片方がストレートに両ハンドで打ち返す）を両ハンドカウンターで打ち返す。

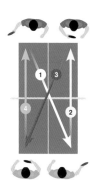

狙い

習慣づけて練習すればダブルカウンターも習得可能

この3ステップのカウンター強化練習は、最初はなかなかラリーが続きませんが、練習を習慣づけて繰り返し行うことで安定して入るようになります。現代卓球ではカウンターに対するカウンター、「ダブルカウンター」が当たり前になっているので、このような練習を取り入れて、試合でも速いラリー展開に対応できるようにしなければいけません。

全面N字カウンター

クロスにフォアカウンター

クロスにバックカウンター

テクニック

両ハンド&フットワーク

攻守&カウンター

3人練習&ダブルス

多球練習

実戦力強化

STEP 3 全面ランダムカウンター

やり方 コート全面を使って、お互いに自由に両ハンドでカウンターを打ち合う。

好きなコースに
両ハンドカウンター

ストレートに
フォアカウンター

ストレートに
バックカウンター

▶以後、繰り返し

ドライブに対する 全面ブロック強化

回数or時間
8～10分

目的

ブロックの 安定性と対応力を 高める

中陣からの強いドライブに 対し、ブロックでミスなく 返球する力を養う。ドライ ブ側は中陣からの威力ある 打球を意識する。

やり方

全面に来る相手の両ハンド ドライブに対して、両ハン ドブロックで返球する（お 互いにコースは自由）。

練習者

全面に両ハンドドライブ

相手

全面に 両ハンドブロック

練習者

相手

狙い

攻められる展開の反応力を高める

　基本練習のドライブ対ブロックの発展バージョンです。近年、相手に 攻められる展開でうまく反応できない選手が多いため、ブロック強化の 一環として取り入れています。相手にとっては中陣から強いボールを打 つための練習になるので、双方の強化につながるメニューです。

第4章

3人練習＆ダブルス

２対１で行う３人練習は
ドライブやブロック、フットワークを鍛えるのに
非常に効果的な方法です。
同様にダブルス強化の３人練習も紹介します。

キーワード
▶ 3人練習
▶ ドライブ
▶ ブロック

ブロック2枚に対する ドライブ強化

回数or時間
8〜10分

相手

練習者

目的

2枚ブロックを相手に 攻撃力を高める

ブロック2枚に対して、両ハンドドライブで対応し、ドライブでの攻撃力を高める。

やり方

ブロック側は両サイドに1人ずつ立ち、2対1でブロック対ドライブのラリー。ブロック側は全面ランダムに返球、ドライブ側は両ハンドで両サイドに返球(ミドルには打たない)。

相手

練習者

狙い

ブロック側のミスが減り、効率よくドライブが強化できる

　世界のトップ選手も取り入れている、2対1でブロック対ドライブを行う練習です。ブロック側のミスが減りラリーが続くので、効率よくドライブを強化できるのがメリットです。

　ドライブ側は体勢を崩さずに両ハンドで連続攻撃を仕掛けることを意識しましょう。もし崩れた場合は、できる限り強い回転をかけて打ち返します。強い回転のループドライブを送り、体勢を立て直す時間をつくって次に備えるプレーも、実戦では必要になるからです。

ドライブ2枚に対する ブロック強化

回数 or 時間
8〜10分

相手

練習者

目的

2枚ドライブを相手に 守備力を高める

ドライブ2枚に対して、両ハンドブロックで対応し、ブロックでの守備力を高める。

やり方

ドライブ側は両サイドに1人ずつ立ち、2対1でドライブ対ブロックのラリー。ドライブ側は全面ランダムに返球、ブロック側は両ハンドで両サイドに返球（ミドルには打たない）。

相手

練習者

 狙い

いつ来るかわからない2人側にとってもよい練習になる

左ページとは逆に、ブロック1人・ドライブ2人でラリーを行います。両サイドに安定して強いドライブが飛んでくるので、ブロック側としては効率的に両ハンドでの守備が鍛えられます。
この1対2の練習は、2人側にとってはいつ自分のほうにボールが来るかがわからない難しさがあり、相手の動きを観察できていないとスムーズに反応できません。絶対にミスしてはいけないプレッシャーも重なるので、結果的に双方にとって効果的な練習になるのです。

テクニック

両ハンド&フットワーク

攻守&カウンター

3人練習&ダブルス

多球練習

実戦力強化

緊張感を高めた状況で
フットワーク強化

回数or時間
8〜10分

目的

2人で行う＆
目標設定で練習の質を上げる

2人1組で行い、かつ回数目標を設定することで、練習者の
集中力を高め、より質の高いフットワーク練習にする。

やり方

練習者（動く側）が2人になって、1人が❶バック、❷回り込
み、❸飛びつきのフットワークを行ったら、もう1人も同様に
行い、これを3球ずつ交互に繰り返す。30球（各5セットずつ）
続いたら終了。

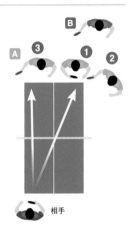

相手

練習者A

バックサイドで
バックドライブ

バックサイドで
フォアドライブ

フォアサイドで
フォアドライブ

練習者B

2人目も同様に
バックドライブから

▶以後、繰り返し

狙い

先輩と後輩、ライバル同士などで行えば緊張感がさらに増す

　1人で行うよりも動きとしては簡単になるので、その分ミスしないことを要求し、さらに回数を設定することで、緊張感を高めるのが狙いです。あえて練習の難易度を下げて、その代わりミスしてはいけない状況をつくるというのは、選手の集中力を高めるよい方法になります。

　フットワークをする2人をどんなペアにするかも実は隠れたポイントで、先輩と後輩、またはライバル同士などで組ませると、相手よりも先にミスしてはいけないとさらにプレッシャーがかかるので、練習の質が高まります。

アレンジ

選手のレベルや目的に合わせてフットワークのメニューを変更する

　ここでは一例として、「バック→回り込み→飛びつき」のメニューで紹介しましたが、練習法はいくらでもアレンジ可能です。選手のレベルや目的に合わせてメニュー、目標回数を設定しましょう。ちなみに野田学園では「バック→ミドル→フォアのオールフォアの3点」（左下図）や「フォア→バック→フォア→回り込み」（右下図）の4球セットのフットワーク練習でも行っています。

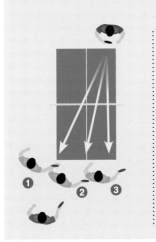

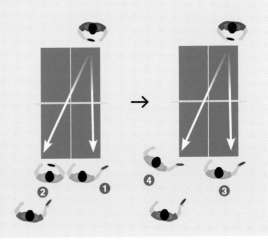

テクニック

両ハンド&フットワーク

攻守&カウンター

3人練習&ダブルス

多球練習

実戦力強化

右右ペアの動き方、フットワークを習得

回数or時間
8〜10分

目的 打球したら外側へ動くダブルスの基本の動きを身につける

ダブルスの右右ペア、もしくは左左ペアの動き方を覚えて、フットワークを強化する。フォアサイドで打球したあとはフォアサイドへ避ける、バックサイドで打球したあとはバックサイドへ避ける、が基本となる。

やり方

2対1になって、フォアサイド、バックサイドに2本ずつ送ってもらい、ダブルス側がそれをフォアハンドで交互に打球する。

Aがフォアサイドでフォアハンド

練習者B　　練習者A

Bがフォアサイドでフォアハンド

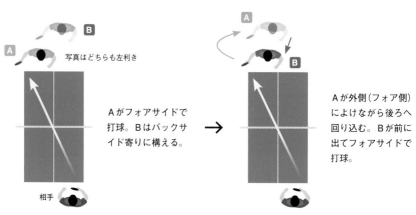

写真はどちらも左利き

Aがフォアサイドで打球。Bはバックサイド寄りに構える。

→

Aが外側（フォア側）によけながら後ろへ回り込む。Bが前に出てフォアサイドで打球。

相手

狙い

速く細かく動くフットワークで素早い足さばきも強化

　フォアサイド、バックサイドのみで行う基本のフットワーク練習（右図）を経て、慣れてきたら取り組むのが、この全面の練習です。ここではオールフォアで紹介していますが、バックハンドを使うバージョンもあります。2人が「あうんの呼吸」で動けるよう、繰り返し練習することが大切です。

　また、ダブルスのフットワーク練習は、シングルスの練習では不足しがちな、速く細かく足を動かすフットワークをたくさん使います。ひざから下、特にふくらはぎ周りの俊敏性を高め、細かな足さばきを身につける効果もあるので、おすすめの練習法といえます。

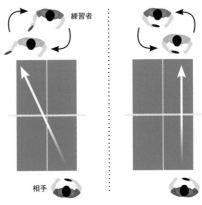

ダブルスの基本フットワーク練習。フォアサイド（左図）では右回りに動いてフォアハンド。バックサイドでは左回りに動いてバックハンド（もしくはフォアハンド）。

Aがバックサイドでフォアハンド　　Bがバックサイドでフォアハンド

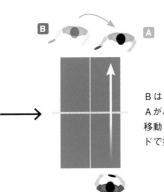

Bはミドルで待機。Aがバックサイドに移動してフォアハンドで打球。

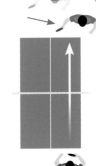

Aが外側（バック側）によけながら後ろへ回り込む。Bがバックサイドに移動しフォアハンドで打球。

1人だけが動く
フットワーク強化

回数or時間
8〜10分

目的 **右右のフットワーク＆
コンビネーション強化**

右右ペア（もしくは左左ペア）のフットワーク、
コンビネーションを強化する。

やり方

2対1になって、ブロック側はミドルへの返球、
全面ランダムへの返球を交互に行い、ダブルス側
はAがミドルに来るボールを中陣でフォアハン
ド（バックハンドも可）、Bは左右に動きながら
全面に来るボールを前陣で両ハンドで返球する。

写真はどちらも
左利き

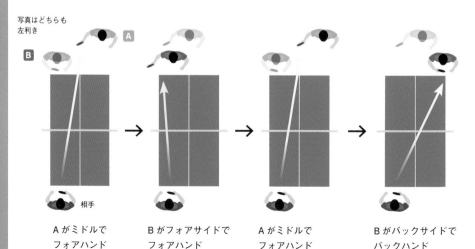

| Aがミドルで フォアハンド | Bがフォアサイドで フォアハンド | Aがミドルで フォアハンド | Bがバックサイドで バックハンド |

練習者A　　　　　　練習者B

A（中陣）がミドルで
フォアハンド

B（前陣）がバックサイドで
バックハンド

B（前陣）がフォアサイドで
フォアハンド

 狙い

片方だけが動くことで、動き方のコツがつかみやすくなる

　ダブルスの練習は、両方の選手が一緒に動きながら行うメニューがほとんどですが、この練習はあえて一方の選手をミドルに固定しています。そうすることで、もう1人の両サイドに動く選手はパートナーをよけることは考えずに自分の動きに専念することができ、結果的にダブルスの動き方のコツがつかみやすくなるのです。一方のみ動く練習、104〜105ページで紹介した2人が動く練習、両方を組み合わせることでダブルスの動き、コンビネーションがスムーズに身につきます。

右右ペア、左左ペアはお互いがじゃまにならないよう、フットワークを鍛えることが重要だ

右左ペアの基本フットワーク練習

回数 or 時間
8〜10分

目的 右左ペアの基本の
フットワークを習得

右右ペアとは異なり、それぞれ両サイドにポジションをキープして動く右左ペアのフットワークを習得する。フォアサイドはフォアハンド、バックサイドはバックハンドで対応するのが基本となる。

やり方

フォアサイド、バックサイドに2本ずつ送ってもらい、ダブルス側はそれぞれフォアサイドはフォアハンド、バックサイドはバックハンドで返球し、ラリーを続ける。相手のフォアサイドへ打つバージョン、バックサイドへ打つバージョンの両方を行う。

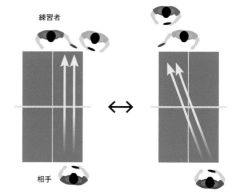

練習者

相手

ポイント

右左ペアの戦術はバックサイドでの
ストレート攻撃が鉄板

　お互いの動きが重なることが少なく、動きやすい右左ペアがよりスムーズに試合を進めるために必ず覚えておきたいのが、「バックサイドでストレートに攻める」戦術です。右図の状況で説明すると、左利きのBが自分のバックストレートに打った場合、相手の返球はクロスに返ってきやすいので、Aが対応しやすくなるということです。逆にフォアサイドでストレートに打つと苦しい展開になるので気をつけましょう。

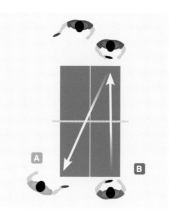

第5章

多球練習

短時間で効率よく打球できる多球練習は
野田学園で重視している練習法の1つです。
技術的な強化はもちろんのこと
メンタルの強化にもつながります。

多球練習は
選手の自信を高める練習法

やり込んだ経験が自信を生み、迷いのないスイングにつながる

多球練習は非常に重要な練習メニューです。中国の強さの秘密も多球練習にあると私は考えていますし、野田学園でも基本的にはほぼ毎日取り組んでいます。

多球練習のメリットとしてはまず効率のよさがあげられます。たとえば、同じフットワーク練習でもラリー練習の場合は途中でミスが出てラリーが途切れますが、多球練習ならばミスしても連続で打球できます。選手同士のラリーは、お互いのコースも甘くなるので、練習効果が下がるというデメリットもあります。

また多球練習は、相手のボールの勢いを使え

ないので、自分の力でボールにエネルギーを加えなければいけませんし、工夫すれば下半身の強化、心肺機能の強化にもつながります。

さらにメンタル強化の側面もあります。自分の力でたくさんのボールを打ち込み、練習をやり込むことで、それが自信となって、試合でも迷わずに振り切ることにつながっていくのです。自信を積み重ねていく方法としても多球練習は重要です。

だからこそ、トップ選手でも基本的な多球練習は毎日取り組んで、当たり前のことが当たり前にできるようにしているのです。

フォアドライブの質と安定性を高める

回数or時間
50〜100球

目的

基本的なメニューでフォアドライブを強化

フォアサイド・バックサイドのボールを交互にフォアドライブ。打球の質と安定性、体の使い方などを意識しながら打球する。

やり方

フォアサイドとバックサイドに1本ずつ上回転を送球し、フォアドライブで打球する。

バックサイドに動いて
フォアドライブ

フォアサイドに動いて
フォアドライブ

練習者

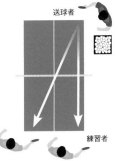

送球者

練習者

ポイント

ベストな体勢で打つことを優先。飛びつきはしない

　フォアサイドに動いてから打つときは飛びつきはせず、ボールの軌道の延長線上に右足をセットして、下半身を安定させた状態で打球することがポイントです。実戦のラリーでは飛びつきながら打球するケースのほうが多いですが、ここでは基礎をつくることを目的として、常に

ベストな体勢で打球することを優先しています。そのため、送球のテンポも速くなりすぎないよう気をつける必要があります。

　選手には、ボールの位置にしっかり動いて、低い重心で股関節を使って打球することを意識させます。

テクニック

両ハンド&フットワーク

攻守&カウンター

3人練習&ダブルス

多球練習

実戦力強化

下回転打ちの
質と安定性を高める

回数 or 時間
50～100球

目的　下回転打ちの基礎力をアップさせる

下回転に対するドライブ「下回転打ち」の強化メニュー。打球の質と安定性、体の使い方などを意識しながらフォアサイド、バックサイドのボールをフォアドライブで打球する。

やり方

フォアサイドとバックサイドに1本ずつ下回転を送球し、フォアドライブで打球する。

バックサイドに動いて
フォアドライブ

フォアサイドに動いて
フォアドライブ

練習者

送球者

練習者

ポイント

踏み込み打法で威力アップ

　111ページの対上回転のフォアドライブと同様に、ここでも常にベストな体勢で打球することを優先。ボールの軌道の延長線上に右足を合わせることがポイントです。踏み込み打法（24ページ）を意識して、上に伸び上がるのではなく、左足で床を踏みつつ股関節を使って体を回転させ、ドライブの質を高めます。

全面の下回転を
オールフォアで攻める

回数 or 時間
50～100球

目的　全面に対してフォアで攻められるようにする

全面に来る下回転に対して、フットワークを使って
フォアドライブで攻められるようにする。

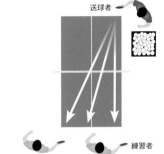

送球者

やり方

全面ランダムに下回転を送球し、
すべてフォアドライブで打球する。

練習者

打球点を落とさない

　この練習の一番のポイントは、打
球点をできる限り落とさず、高い位
置でボールをとらえること。そのた
めにはどこに球が来るかの判断を早
くし、またフットワークそのものの
速さも強化していく必要があります。

コースを判断して
すぐに移動

練習者

高い打球点で
とらえる

テクニック

両ハンド&フットワーク

攻守&カウンター

3人練習&ダブルス

多球練習

実戦力強化

ハーフロングに対する フォアの攻撃力アップ

回数 or 時間
50～100球

目的 短いボールに対しても
攻められるようにする

強く攻めるのが難しいハーフロングのボールに対しても、
フォアドライブで攻められるようにする。

練習者
（写真は左利き）

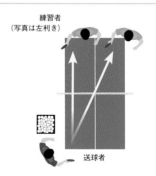

やり方

全面にハーフロングの下回転を送球し、フォアドライブで打球。
時々、短いボールも混ぜる。

送球者

ポイント

エンドラインを意識しない

「出たら打つ、出なかったら台上処理」
という2択ではなく、短くても攻めら
れそうであれば攻めることが重要。エン
ドラインを意識せずに、攻められるかど
うかを見極めます（40ページ参照）。

練習者

※写真では、左利きに対して右利きのバックサイドから出
しているが、バッククロスへの対応を鍛えるため実際には
フォアサイドから出すケースが多い

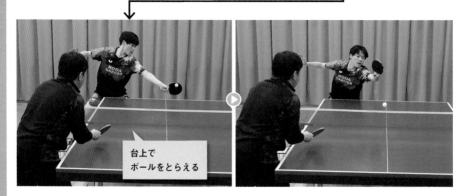

台上で
ボールをとらえる

フォア前からの展開の攻撃力を高める

回数or時間
50〜100球

目的 試合で多くある
フォア前からの展開を強化

試合でも多く見られるフォア前をストップしたあと、バック深くに来るツッツキに対するドライブ強打を強化する。

やり方

①フォア前に来る下回転をフォアストップ、②バック奥に来る下回転を回り込みフォアドライブ、もしくはバックドライブで打球。

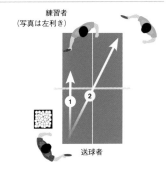

練習者
（写真は左利き）

送球者

ポイント

エンドライン上で打球

　2球目のドライブは打球点を落とさずに高い位置で打つことが重要です。台の外ではなく、エンドラインの上でとらえるくらいのイメージで打ちましょう。そのためにもストップ後の素早い戻りが不可欠です。

フォア前を
ストップ

練習者

ツッツキを
バックドライブ

ツッツキを
フォアドライブ

テクニック

両ハンド＆フットワーク

攻守＆カウンター

3人練習＆ダブルス

多球練習

実戦力強化

チキータからの
展開を強化する

回数 or 時間
50〜100球

目的

チキータのあとの
ハーフスイングを強化

チキータ後の両ハンドを強化。素早い戻りと両ハンドのハーフスイングを身につける。

やり方

①送球者がミドル前にサービス、②練習者がチキータ、③全面に上回転の送球、④両ハンドドライブで返球。

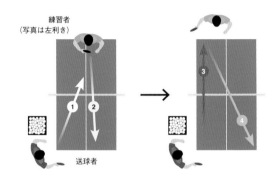

練習者
（写真は左利き）

送球者

練習者

送球者が
ミドル前にサービス

練習者は
ミドル前に移動

ハーフスイングで
バックドライブ

116

早めのタイミングで送球して「戻らざるを得ない」状況で打球

　実戦ではチキータ後の相手の返球は非常に早いので、多球でも早いタイミングで出すことがポイントとなります。チキータを見てから出すのではなく、打球と同時にスイングを開始するくらいで出します。

　この練習はチキータからのハーフスイングを鍛えることが目的ですが、送球のタイミングによって「早く戻らざるを得ない」状況をつくることで、自然と理想の動きを身につけることができます。

送球が終わっている

チキータが送球者のコートに来るときには送球が終わっているくらいのタイミング

チキータ

打球後は素早く戻る

ハーフスイングでフォアドライブ

ストップ後の
読みと待ちを磨く

キーワード
▶ 多球練習
▶ ストップ処理
▶ 読みと待ち

回数or時間
50〜100球

目的 相手の長短を見極めて攻める

ストップしたあと、相手の返球の長短を見極めて、台上のボールも攻撃的に打てるようにする。

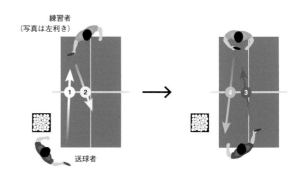

練習者
（写真は左利き）

送球者

やり方

①送球者がフォア前にサービス
2 練習者がミドル前にストップ
❸送球者が全面にダブルストップ
（時々長いツッツキも混ぜる）
❹ツッツキ、フリック、チキータで返球（長いときはドライブ）

練習者

フォア前にサービス

ミドル前にストップ

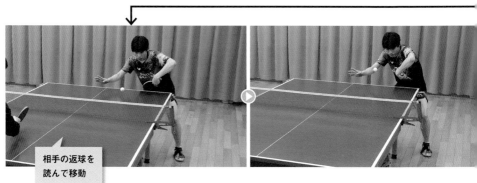

相手の返球を
読んで移動

1つ次を考えられるかどうか。「読みと待ち」を意識しよう

　卓球には「こう返球すれば、こう返ってきやすい」というセオリーともいえるパターンがあり、それを理解したうえで、1つ次のプレーを考えられるかどうかがすごく大切です。私はこれを「読みと待ち」と言っており、勝つ選手と勝てない選手の差はここにあると考えています。

　最近、特に重要性を感じるのが長短に対する読みと待ちで、自分が短く返球したあと、次の展開を予測できていないケースが多く見られます。うまくいかない選手は「出たら攻める、出なかったら台上で対応」の待ち方だけになっているので、逆に「台上を待って、出たら対応」の待ち方も身につける必要があります。相手のタイプや状況に応じて、適切な読みと待ちができるようになると勝つ確率は大きく上がります。

　ここで紹介する練習はストップからの攻めを鍛えるメニューですが、読みと待ちの強化も目的の1つです。送球者の動きをしっかりと見て、

次を読んでプレーしなければいけません。下の連続写真であれば、早い段階でフォア前にダブルストップが来ると読めているからこそ、チキータで攻めることができているのです。

実戦でも常に「読みと待ち」を意識してプレーしよう

全面にダブルストップ

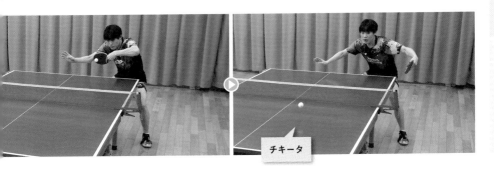

チキータ

必須のフォア前＆
バック奥を強化

回数or時間
50〜100球

目的　**フォア前とバック奥の両方の攻めを鍛える**

ストップ後のフォア前に対してはフリック、バック深くのツッツキに対しては
バックドライブで攻められるようにする。

 ポイント

バックドライブ待ちで、短いときはつま先の接地と同時にフリック

　試合でも多く狙われるフォア前とバック奥に対する攻めを強化するメニューです。ここでポイントになるのが、44ページで紹介した、つま先の接地と同時に打つフリックです。短いボールに対して早めに入る従来のやり方であれ

ば、フォア前とバック奥を早い段階で判断して、それぞれに備える必要がありますが、つま先と同時のフリックは打球点を遅らせて打つので「バックドライブ待ち、短かったら前に出てフリック」という待ち方が可能になります。

フォア前ストップの場合

フォア前にストップ

基本はバック待ち

バック奥ツッツキの場合

バック奥にツッツキ

やり方

①送球者がミドル前にサービス、②練習者がミドル前にストップ、③送球者がフォア前にストップかバック奥にツッツキ、④フリックかバックドライブで攻める（フォア前に対しては攻撃的なツッツキや流しでもOK）

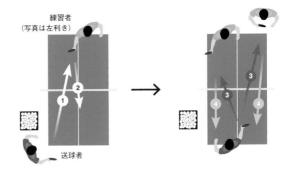

練習者
（写真は左利き）

送球者

練習者

ミドル前にサービス

ミドル前にストップ

つま先の接地と同時にフリック

バックドライブ

中陣から質の高い フォアドライブを打つ

回数or時間
50〜100球

目的 ドライブの打ち合いでの安定性と威力向上

ドライブに対するドライブの強化。安定性と威力を高めてフットワークも鍛える。

やり方

全面にループドライブで送球し、練習者は中陣からすべて
フォアドライブで返球する。

練習者
（写真は左利き）

送球者

ポイント

しっかり動いてベストな体勢で打球

送球の球質、コース、長さもさまざまなので、まず
はしっかり動いて、自分のベストな体勢で打つこと
が重要です。低い姿勢を保って、動きましょう。

狙い

ドライブ対ドライブで打ち負けない力を養う

　トップレベルでは、ドライブ対ドライブのラリーで打ち負けない能力が必須です。また相手のドライブのコース、長さ、球質もさまざまなので、前後左右にしっかり動いて自分のベストポイントでボールをとらえなければなりません。そこを鍛えるために、ループドライブを全面に送ってフォアドライブで強打する練習を取り入れています。送るループドライブもコースだけでなく、長さや高さ、回転量を変えて、対応力を高めるようにしています。この練習を取り入れてからは、打ち合いでの凡ミスが少なくなりました。

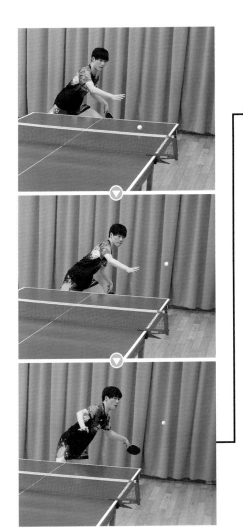

しっかりボールの
位置に動いて打球

打球後も
姿勢は崩さない

「かけ返す感覚」を磨きドライブの質を高める

回数or時間
50～100球

目的 フォアドライブと下半身の強化

低い位置で打球することで回転をかけ返す感覚を磨き、ドライブの質を向上させる。また、低い姿勢での打球により下半身の強化にもつながる。

やり方

全面に短めの上回転を送球し、練習者は中陣で打球点を落として、すべてフォアドライブで返球する。

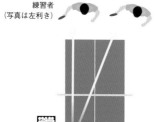

練習者
（写真は左利き）

送球者

アレンジ

ラリー練習でも効果的

この練習はラリー練習でも可能で、その場合は相手のブロックに対し、打球点を落としてフォアドライブをかけます。フォアを強化したい人はぜひ取り入れてください。

テクニック

両ハンド&フットワーク

攻守&カウンター

3人練習&ダブルス

多球練習

実戦力強化

低い位置でも質の高いドライブで返す

　上回転のボールに対してドライブで回転を強くかけ返す感覚を磨くためのメニューです。実戦では低い位置で打球しなければいけない状況もあり、そこで甘い返球になると相手に攻められてしまうので、なるべく強く回転を加えて質の高いドライブにすることが重要です。打球点を下げることで自然と低い姿勢で打つことになり、下半身の強化にもつながります。この練習によって、フォアドライブ全般の打球の質が向上しました。

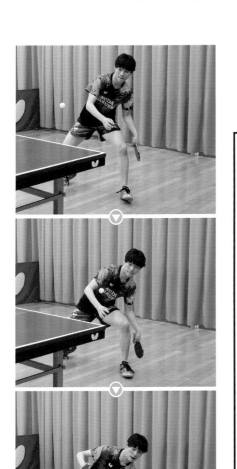

低い姿勢のまま
フォアドライブ

125

ドライブからの
バック対バック強化

回数or時間
50〜100球

目的　バック対バックに
　　　強くなる

試合でも多いバック対バックの展開に強く
なるための練習。1本目を指導者が多球形
式で送球することで練習効果を高める。

やり方

①全面に下回転を送球、②AがBのバック
サイドへ両ハンドドライブ、③バック対バッ
クのラリーをして、④どちらかがフォア側に
返球してからフリー。

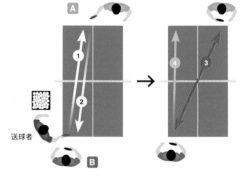

送球者

（写真はABとも左利き）

狙い

コーチが送球することで練習の緊張感を高める

この練習は、同じようなルールで選手同士の
ラリー練習でも行えますが、あえてコーチが1
球目を送球し、すぐ横でプレーを見ることで練
習の緊張感を高めるという目的があります。選
手の集中力が高くなって、練習効果も上がると
いうわけです。

バック対バックの展開を強化するこのメ
ニューのポイントは、右利き対右利きだけでは
なく、右利き対左利き、左利き対左利きなどさ
まざまなパターンで行うことです。左利きとの
バック対バックを鍛えておくことで、対左利き
の苦手意識をなくすことができます。

テクニック

両ハンド&フットワーク

攻守&カウンター

3人練習&ダブルス

多球練習

実戦力強化

練習者A

練習者B

下回転を送球

両ハンド
ドライブ

バックブロック

バック対バック
のラリー

ストレートに
返球

▶以後、フリー

フォア側へ大きく動く飛びつきを強化

回数or時間
20球

目的　飛びつきで体を崩さずに打つ

フォアサイドの遠いボールに対して、飛びついて打つフォアドライブを強化するメニュー。飛びついたあとも体勢を崩さず、次の球にすぐに対応できるようにする。

やり方

練習者のバックサイドから1～2mくらいの位置にイスを置く。練習者がイスをタッチしたら、同時にフォアサイドに送球し、飛びついてフォアドライブで返球。20本連続で入ったら終了。

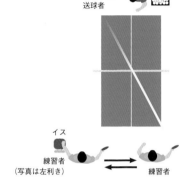

送球者

イス
練習者
（写真は左利き）
練習者

イス

骨盤を正面に向けて、右足は前方に着地させる

　飛びつきで意識したいのが、着地後の体勢です。右利きの選手の場合、右足が下がって、体（骨盤）が右を向いた状態で着地する選手が多いですが、それだと次の球の対応がかなり難しくなってしまいます。

　打球と同時に骨盤を正面に向けて、最後の右足をなるべく前に出せば、次にバックサイドにボールが来てもバックハンドで対応ができます。左足前ではなく、平行足、もしくは少し右足前の姿勢をとるよう心がけてください。

練習者

NG

右足が下がり、体は完全に右を向いている。バックに返球されると十分に対応できない

上体が正面を向いている

テクニック

両ハンド＆フットワーク

攻守＆カウンター！

3人練習＆ダブルス

多球練習

実戦力強化

キーワード
▶ 多球練習
▶ フットワーク
▶ オールフォア

2台を使って
フットワーク強化

回数 or 時間
50球

目的 **大きく速く動く
フットワークを身につける**

卓球台を2台並べてのフットワーク練習。通常より
大きく動くことでフットワークを鍛える。

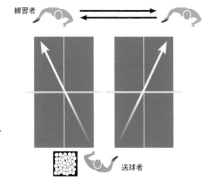

練習者

やり方

台を2台並べて、フォア側、バック側に1本ずつ送球し、
すべてフォアドライブで打ち返す。

送球者

狙い

非現実的だからこそポジティブに取り組める

　苦しいフットワーク練習をやりたがる選手
はあまりいませんが、このように非現実的な
方法にすることで、逆にポジティブに楽しく
取り組めるというメリットが生まれます。

　ただしハードな練習なので、あまり無理は
せず、動く幅や回数などは選手に合わせて調
整しましょう。

第6章

実戦力強化

サービス＆3球目、レシーブ＆4球目など
実戦を想定した練習メニューです。
ゲーム練習もひと工夫を入れることで
課題を克服しつつ、実戦力を高められます。

回転の「感覚」を磨く ストップレシーブ強化

回数or時間
適宜

目的

順回転・逆回転の両方で取る

台上レシーブでの感覚を磨き、さまざまな回転に対して、回転に沿わせる「順回転」の取り方、回転に逆らう「逆回転」の取り方の両方ができるようにする（77ページ参照）。

やり方

右横回転、左横回転のショートサービスを2本ずつ出してもらい、それぞれ「順回転」と「逆回転」の両方のストップで返球する。

右横回転サービス

左横回転サービス

レシーブのセンスは 練習で鍛えることができる

　レシーブがうまい選手に対しては「センスがある」とか「感覚がよい」という表現をしますが、そういった打球感覚は練習によって磨くことができると考えています。その方法として、右横回転、左横回転のそれぞれに対して「順回転」と「逆回転」の返し方を徹底的に鍛えるのがこの練習です。4種類のストップがスムーズに使い分けられるようになると、台上の感覚はかなり磨かれ、レシーブ技術全般が上達していくはずです。

初歩段階から 順&逆回転に挑戦しよう

　レシーブは「まず角度を合わせる」と指導するケースが多いですが、私はそれだとレシーブが上達しにくいと考えています。角度を正確に出すのは実は難しく、少しでも回転を見誤るとレシーブミスしてしまいます。初歩段階から回転を意識して、順回転、逆回転を習得しておくほうがレシーブはうまくなります。一般的には逆回転を使う人のほうが多いですが、順回転のほうがレシーブミスしにくいというメリットがあるのでおすすめです。

右横に対する「順」ストップ

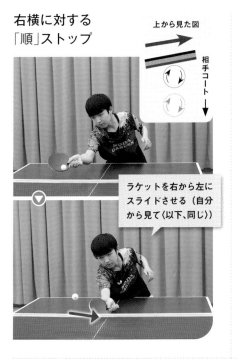

ラケットを右から左にスライドさせる（自分から見て〈以下、同じ〉）

右横に対する「逆」ストップ

ラケットを左から右にスライドさせる

左横に対する「順」ストップ

ラケットを左から右にスライドさせる

左横に対する「逆」ストップ

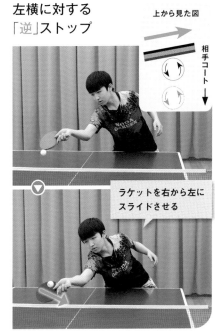

ラケットを右から左にスライドさせる

テクニック

両ハンド&フットワーク

攻守&カウンター

3人練習&ダブルス

多球練習

実戦力強化

キーワード
▶ レシーブ
▶ バックドライブ
▶ チキータ

回数or時間
適宜

トレンドのサービスを攻略する

目的 バックサイドから出る
サービスに対する
レシーブ強化

近年使う選手が増えているバックサイドから出るサービス。それに対するレシーブを強化し、対応力を高める。

やり方

バックサイドから出るコースにサービスを出してもらい、バックドライブ（チキータ）でレシーブする。

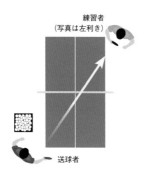

練習者
（写真は左利き）

送球者

◎ **狙い**

トレンドをとらえて強化する

　現在のサービス戦術は相手のフォア前とバックロングに出すことでチキータを封じるのが基本ですが、最近増えているのが相手のバックサイドから出すサービスで、新たなトレンドになっています。このコースは強くレシーブするのが難しく、うまく処理できないと相手に3球目で狙われてしまうので、対策練習として取り入れています。

　バック側に曲がる右横回転サービスだけではなく、内側に曲がる左横回転を使い、台から出そうで出ない巻き込みサービスを出す人もいるので、右横、左横、また少し長めのサービスなどさまざまなパターンで練習することが大切です。また真下回転（縦回転）に対するレシーブが結構難しいので、重点的に練習しておきましょう。

ボールの外側をとらえて、しっかり回転をかける

　打ち方としてはバックドライブ、チキータと同じで OK です。ボールの外側（バックサイド側）をとらえると、引っかかりがよくなり返球しやすくなります。基本的にはスピードは出しづらいので、しっかりと回転をかけながらコースを突いて、4 球目攻撃につなげることを意識します。

しっかり回転を
かけて返球

テクニック

両ハンド＆フットワーク

攻守＆カウンター

3人練習＆ダブルス

多球練習

実戦力強化

現代卓球に必須の チキータを習得

バックドライブと同じく「アップダウン」を意識

台上のボールに対する攻撃テクニックとして欠かせないのがチキータです。野田学園でもチキータはレシーブの要として、時間を割いて取り組んでいます。

打ち方としては、基本的にはバックドライブと同じです。ここでも意識したいのが、上方向に振り切るのではなく、打球と同時にラケットを下げる「アップダウンスイング」です。これによりスイングスピードがアップして、より攻撃的なチキータが可能になります。

また、チキータには回転重視とスピード重視の2つがあるので、両方を練習することも重要です。回転重視は打球点を下げて、ボールの側面をとらえます。曲がる弾道にすることで、相手のミスを誘う打ち方です。

スピード重視は打球点を早めにして、ボールの上側をとらえて威力を高めます。下回転に対してスピード重視の打ち方をすると、ネットにかかるのではと思うかもしれませんが、高い打球点でとらえれば落ちずにネットを越えるので問題ありません。

 ポイント

「左利きの逆横サービス」に対するチキータからスタート

チキータを習得するための練習法を紹介します。まず右利きの人は左利きの人にサービスを出してもらいます。最初はフォア前に巻き込みなどの逆横サービス（右横回転）を出してもらい、それをチキータします。逆横だと回転がかけやすく、ボールを強くグリップする感覚がつ

かみやすいからです。

逆横に慣れてきたら次は縦回転サービス、その次は外側に曲がる右横回転サービスに対してチキータをします。この順番で習得していくと、スムーズにチキータを覚えることができます。

左利きの選手は
右利きの選手の
サービスで練習

チキータの打ち方

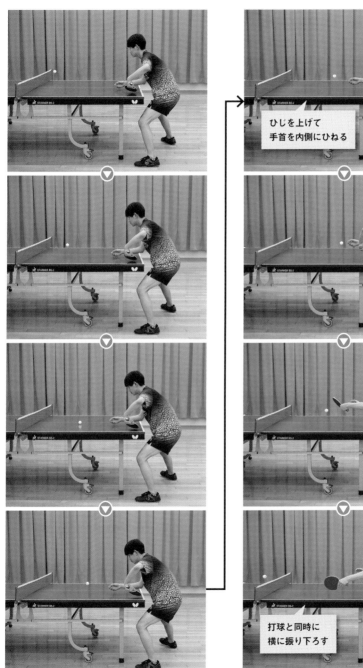

ひじを上げて
手首を内側にひねる

打球と同時に
横に振り下ろす

テクニック

両ハンド&フットワーク

攻守&カウンター

3人練習&ダブルス

多球練習

実戦力強化

キーワード
▶ レシーブ
▶ チキータ
▶ 4球目攻撃

チキータからの展開
（3＆4球目）を強化①

回数or時間
8〜10分

目的 チキータからのカウンター＆
チキータ処理の両方を鍛える

レシーブ側はチキータ＆4球目カウンター、
サービス側はチキータに対する3球目カウン
ター。チキータとチキータ処理の両方を鍛える。

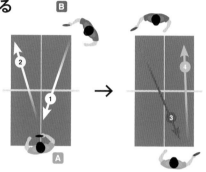

やり方

①Bがミドルにショートサービス、❷Aがフォア
サイドにチキータ、❸Bが全面にフォアカウン
ター、❹Aが両ハンドでダブルカウンターからフ
リー。

練習者A　　　　　　練習者B

ミドル前に
サービス

全面に
カウンター

テクニック

両ハンド&フットワーク

攻守&カウンター

3人練習&ダブルス

多球練習

実戦力強化

 狙い

サービスによってチキータの球質が変わるので複数の回転で練習する

チキータがレシーブでの軸となる現代卓球では、レシーバーのチキータからの4球目攻撃、サーバーのチキータに対する3球目カウンター、両方を鍛える必要があるので、実戦に近い形式のシステム練習を繰り返し行います。

チキータはサービスの回転によって球質が変わり、その後の展開のやりやすさも変わるので、サーバーは右横、左横など複数のサービスを出して、いろいろなパターンで練習することが大切です。

 ポイント

サービス後に台と距離を取る

チキータを受けるサーバー側は、サービスを出したあとに台と少し距離を取ることがポイント。台に近すぎると3球目の対応が難しくなります。また、チキータに対してブロックで合わせるだけにならず、できる限り自分から強く回転をかけて返球することを心がけています。

フォアサイドにチキータ

両ハンドでカウンター

▶以後、フリー

チキータからの展開
（3&4球目）を強化②

回数or時間
8〜10分

目的 バックサイドにチキータする展開の強化

メニュー066のチキータをバックサイドに打つバージョン。チキータからの4球目、チキータに対する3球目の両方を強化する。

やり方

① Bがミドルにショートサービス、
2 Aがバックサイドにチキータ、
❸ Bが全面にバックカウンター、
❹ Aが両ハンドでダブルカウンターからフリー。

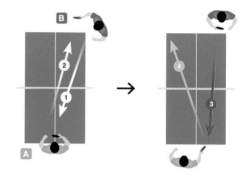

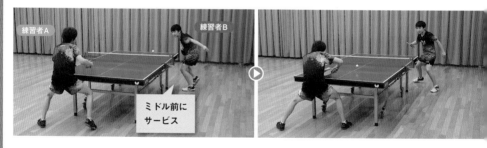

練習者A　練習者B

ミドル前に
サービス

全面に
カウンター

テクニック

両ハンド＆フットワーク

攻守＆カウンター

3人練習＆ダブルス

多球練習

実戦力強化

 狙い

「マスター・対応・封じる・狙い打つ」チキータ強化の4つの考え方

　チキータという技術が登場してから、チキータの戦術や考え方は「チキータをマスターする」→「チキータに対応する」→「チキータを封じる」→「チキータを狙い打つ」というように進化してきました。

　この4つのポイントは、チキータを指導するうえで私が意識している点でもあります。チキータやチキータ処理を強化するときは漠然と取り組むのではなく、4つのうちのどこを鍛えるかを明確にすることで練習の効果も高まります。

　また、実戦のサービス、レシーブにおいては、いかにして相手のサービスを読んでチキータで攻撃するか、逆に読みを外してサービスでチキータを封じるか、駆け引きがよりいっそう重要になります。ゲーム練習ではそのあたりもしっかり意識して取り組むことが大切です。

バックサイドにチキータ

両ハンドでカウンター

141

サービスは3点限定
右対右の実戦練習

回数 or 時間
10〜15分

目的 実戦形式で3・4球目＆
駆け引きを鍛える

ほぼ実戦に近い形式で、サービスからの3球目、レシーブからの4球目を強化。サービス・レシーブの駆け引き、「読みと待ち」も鍛える。

やり方

サービス・レシーブからのオール練習。サーバーは、Ⓐ相手のフォア前半面、Ⓑバックロング半面、Ⓒバックサイドの3つに限定して出す。これをお互いに5本交代で行う。

バックサイドから出るサービスからの3球目

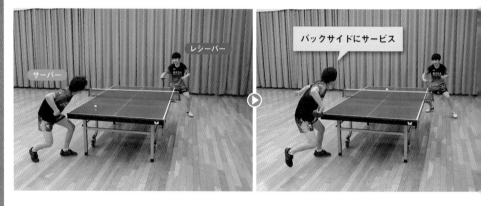

サーバー　レシーバー

バックサイドにサービス

バックサイドにチキータ

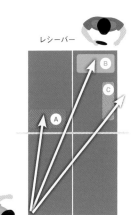

レシーバー

B

C

A

サーバー

 狙い

あえてコースを限定することで
駆け引きが生まれる

　オールで行う実戦形式の練習ですが、野田学園の場合は
あえてサービスを3つのコースに限定して行っています。
コースを完全に自由にするよりも、サーバー、レシーバー
それぞれに駆け引きが生まれて、読みの練習になるからで
す。また実際の試合もフォア前、バックロング、バックサ
イドの3つのコースが軸になるので、この練習をやって
おけば、だいたいのラリー展開はカバーできます。
　サービスは5本交代や10本交代でやりますが、「2本は
必ずロングサービスを入れる」などのルールを追加するの
もOK。選手の課題に応じて、さまざまなアレンジをする
ことでより効果的な練習になります。

3球目バックドライブ

サービスは3点限定
右対左の実戦練習

回数or時間
10〜15分

目的 　対左利きの3・4球目＆
　　　　駆け引きを鍛える

メニュー068の右利き対左利きバージョン。サービスからの3球目、レシーブからの4球目を強化。サービス・レシーブの駆け引き、「読みと待ち」も鍛える。

やり方

サービス・レシーブからのオール練習。サーバーは、Ⓐ相手のフォア前半面、Ⓑバックロング半面、Ⓒフォアサイドの3つに限定して出す。これをお互いに5本交代で行う。

フォア前サービスからの3球目

サーバー　レシーバー　フォア前にサービス

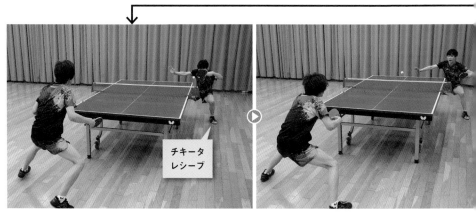

チキータ
レシーブ

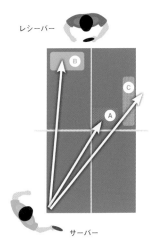

レシーバー

B
C
A

サーバー

テクニック

両ハンド&フットワーク

攻守&カウンター

3人練習&ダブルス

多球練習

実戦力強化

 狙い

右対左は、フォア側のサイドから出るサービスが効く

　右利き対左利きでは、フォア前、バックロングに加えて、フォア側のサイドから出るコースが3つ目となります。ここを狙うことで相手のチキータを封じることができ、フォアドライブで持ち上げてきたところをクロスで待って、カウンターを仕掛けます。

　サイドから出るサービスは通常の順横回転で外側に曲げる方法もありますが、逆横回転で内側に曲げて、台から出るか出ないか、ギリギリに出すのも非常に効果的です。

3球目
バックドライブ

145

3球目チキータの決定力を高める

回数or時間
8～10分

目的 ### 3球目チキータの強化

全面に来るストップレシーブに対する3球目チキータの強化。チキータは決定力を重視。

やり方

① ミドル前にサービス
2 相手が全面にストップ
❸ 全面に3球目チキータ

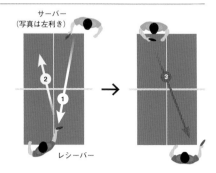

サーバー
（写真は左利き）

レシーバー

サーバー

ミドル前に
サービス

レシーバー

全面に
ストップ

bar

狙い

5球目は想定しない
3球目で仕留めるつもりで

この3球目チキータは戸上隼輔選手が今現在もよく行っている練習の1つです。近年はチキータがレシーブだけでなく、3球目攻撃としても使われるようになり、戸上選手にとっても大きな武器になっています。

ポイントは5球目のことは考えず、3球目で仕留めるつもりで入ることです。できる限りネットに近いところでボールをとらえて、威力重視の「パワーチキータ」で打つようにします。5球目を考えると、中途半端になって得点力が下がってしまうからです。

ポイント

相手のレシーブを読んで
卓球台の上に入る

3球目チキータでは、相手のレシーブを読む能力がさらに必要になります。相手の動作も確認したうえで、どこにストップするのかをいち早く察知して、素早く前に出ましょう。

駆け引き、読みを鍛えるために、相手のレシーブをストップだけにせず、長いツッツキを時々混ぜるのもよいアレンジとなります。

3球目
チキータ

147

ロングサービスに対する レシーブ強化

キーワード
▶ レシーブ
▶ ロングサービス
▶ 駆け引き

回数or時間
10〜15分

目的 **ロングサービスからの 展開に慣れておく**

ロングサービスを出されたときの対応、そこからの展開を鍛える。サーバーとしてはロングサービスからの3球目強化。

やり方

ロングサービスからのフリー。サービスは5本交代で4本はロングサービス、1本はショートサービス（コースは自由）。

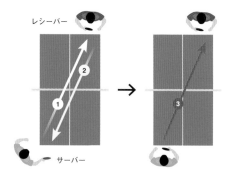

レシーバー

サーバー

バックサイドへ
ロングサービス

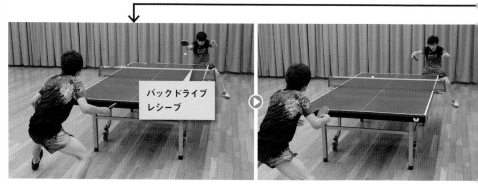

バックドライブ
レシーブ

テクニック

両ハンド&フットワーク

攻守&カウンター

3人練習&ダブルス

多球練習

実戦力強化

ロングorショートの
駆け引きを学ぶ

　チキータ封じのサービス戦術として、近年はロングサービスの頻度が増しています。しっかりと対策練習をしておかないと本番で対応できないので、このようなレシーブ練習は非常に大切です。

　5本中1本はショートサービスを混ぜるのがポイントで、短く来るか、長く来るか、ロングでもフォアに来るか、バックに来るか、レシーブ技術と同時に駆け引きを学ぶのが、この練習の目的です。バックに長く来ると読んだ場合は、回り込んで強打するのももちろんOKです。

前傾姿勢をとり
アッパースイングで打球

　ロングサービスに対するバックドライブでは、27ページで紹介したアッパースイングがポイント。下から振り上げることでボールの深い・浅いに対応しやすくなり、レシーブミスも減るのです。打球前に前傾姿勢をとれば、自然とラケットが下がるので、アッパースイングになります。

　あとは相手の回転が上回転系か下回転系かはしっかり判断して、スイングをコントロールします。

3球目
バックドライブ

▶以後、フリー

キーワード
▶ 課題練習
▶ サービス＆３球目
▶ レシーブ＆４球目
▶ フットワーク

回数or時間
8〜10分

実戦力とフットワーク両方を鍛える

フットワーク練習と3・4球目の課題練習を組み合わせる

　フットワーク練習を行うときは、普通のフォアサービスで始めるのではなく、実戦的なサービス＆３球目、レシーブ＆４球目から入る練習法も取り入れています。そうすることで、１つの練習でフットワークと実戦的なパターンの両方を強化することができます。実戦パターンに関しては、選手に自由に決めさせており、それぞれが自分の課題に応じてメニューを考えています。

　ここでは、４人の選手が実際に取り入れているメニューとそのポイントを解説してもらいましょう。

芝拓人（左シェークドライブ型）のメニュー例

ツッツキからの4球目フォアカウンター

やり方

①相手がフォア前にサービス
②バックにフォアツッツキ
❸相手がクロスにバックドライブ
④クロスにフォアカウンター
　→フットワーク練習

相手

自分

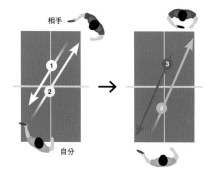

「相手のドライブのコースが決まっているので絶対にミスをしないこと、かつ厳しいコースにカウンターを打つことを意識しています。相手のバックドライブの回転が強いので、面をかぶせ気味にカウンターすることがポイントです」（芝）

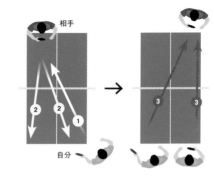

芝拓人＆三木隼（ともに左シェークドライブ型）のメニュー例

チキータに対する3球目カウンター

> やり方

① フォア前にサービス
② 相手が全面にチキータ
❸ バックに両ハンドカウンター
　→フットワーク練習

「チキータに対してできる限り攻撃的に返すことを意識しています。加えて、確実に返すことも重要なので、読みが外れたときでも簡単にミスはせず、台に入れるようにしています」（芝）

「チキータレシーブは速く飛んでくるので、大きくバックスイングを引かず、コンパクトにして振り遅れないように気をつけています」（三木）

三木隼（左シェークドライブ型）のメニュー例

3球目ツッツキからの展開

> やり方

① フォア前にサービス
② 相手がフォア前にストップ
❸ クロスにフォアツッツキ
❹ 相手が全面にバックドライブ
❺ バックに両ハンドカウンター
　→フットワーク練習

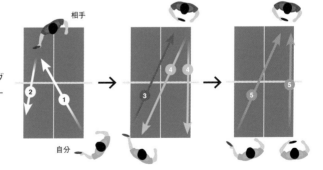

「相手にドライブをかけさせてからの展開を鍛えるためのメニューです。3球目ツッツキを深く入れて、相手に強くドライブを打たせないことがポイントです」（三木）

テクニック

両ハンド＆フットワーク

攻守＆カウンター

3人練習＆ダブルス

多球練習

実戦力強化

木方圭介（左シェークドライブ型）のメニュー例

3球目ツッツキからの展開

> やり方

① フォア前にサービス
2 相手が全面にストップ
❸ バックサイドにツッツキ
❹ 相手が全面にバックドライブ
❺ バックに両ハンドカウンター
　→フットワーク練習

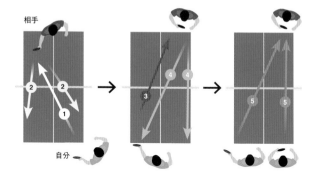

「相手のストップレシーブからの展開を強化するメニューです。3球目ツッツキの質を高くして、相手に持ち上げさせることが大事です。カウンターはミスしない範囲でできる限り強く入れるようにしています」（木方）

木方圭介（左シェークドライブ型）のメニュー例

上回転サービスからの3球目攻撃

> やり方

① ミドル前に上回転系サービス
2 相手が全面にフリックかチキータ
❸ バックに両ハンドカウンター
　→フットワーク練習

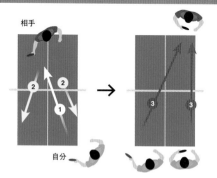

「試合では下回転系サービスだけでは勝てないので、上回転系からの展開も強化しています。レシーブが早く来るので、サービスのあとの戻りと相手を見ることを意識して、3球目に対応できるようにしています」（木方）

岩井田雄斗（右シェークドライブ型）のメニュー例

チキータレシーブからの4球目攻撃

> やり方

① 相手が全面にショートサービス
2 バックサイドにチキータかフリック
❸ 相手が全面にバックハンド
④ バックに両ハンドドライブ
　→フットワーク練習

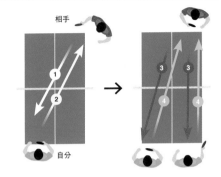

相手

自分

「試合でも使う機会が多いチキータからの展開です。確実にチキータを入れることと、そのあとの戻りを早くして4球目もなるべく強く返球することを意識しています」（岩井田）

岩井田雄斗（右シェークドライブ型）のメニュー例

ストップレシーブからの4球目攻撃

> やり方

① 相手が全面にショートサービス
2 フォア・ミドル前にストップ
❸ 相手が全面にツッツキ
④ バックに両ハンドドライブ
　→フットワーク練習

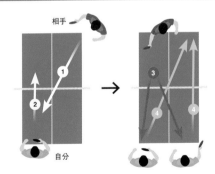

相手

自分

「相手にはいろいろな回転のサービスを出してもらって、それを正確にストップすることが目標の練習です。4球目はしっかり回転をかけて、絶対にミスしないこと、確実性を意識しています」（岩井田）

テクニック

両ハンド&フットワーク

攻守&カウンター

3人練習&ダブルス

多球練習

実戦力強化

キーワード
▶ サービス
▶ コースの正確性
▶ 緊張感

緊張した場面でも サービスを正確に出す

回数or時間
適宜

目的

サービスで 狙ったところに正確に 出せるようにする

狙ったところに正確にサービスを出せるようにする。「5球連続で当てる」にすることで、緊張した場面でのコントロール力をつける。

やり方

フォア前、バック前、ミドル（ハーフロング）、フォアコーナー、バックコーナーの5点にCDのケースなどを設置。1～5番まで順番を決めて、1から連続で5つの的に当てられるまで続ける。ミスしたら1から再スタート。

狙い

しっかりと回転をかけて 5つのコースを狙う

野田学園では試合の前によく行っているメニューです。狙ったところにただ出すだけではなくて、試合と同じくらいしっかり回転をかけて出すことが大切です。さらにプレッシャーをかけるために、4球連続で当たったら、周りの選手を集めて、みんなに注目される中で最後の5球目に挑戦することもよく行います。

この練習で、試合の競った場面でも正確に出すことができ、短く出すつもりが長く出してしまう、などのミスがなくなってきました。

タオルを置いて
バッククロスでゲーム

回数 or 時間
適宜

テクニック

両ハンド&フットワーク

攻守&カウンター

3人練習&ダブルス

多球練習

実戦力強化

目的

コースを限定して
バックのラリーを強化

バッククロスのラリーを強化するための
ゲーム練習。コースを限定させることで、
練習の質、集中力が高まる。

やり方

中央のセンターラインに合わせて、フォア側
にタオルを置き、バック半面のみで試合を行
う（回り込みは使わない）。フォア半面に返
球した場合は失点となる。

狙い

さまざまなルールで
刺激のあるゲーム練習に

　野田学園では毎日ゲーム練習を行いますが、
ルールを変えた変則のゲーム練習もよく行いま
す。特定の技術やメンタルを鍛える目的もあり
ますが、選手に刺激を与えて、楽しみながら試
合に集中させるという意図もあります。
　この練習はコートをバック半面に限定して、
バッククロスのラリーを強化するためのゲーム
練習です。コースを限定すると、お互いの打球
の質が高まり、ハイレベルなラリー展開になり
ます。ちなみにこの練習は、サッカーのミニゲー
ムやフットサルを見ていて、コートを狭くする
ことのメリットに気づき、取り入れました。

右利き対左利きの場合は、バック
ストレートでのラリーとなる

後ろにフェンスを置いて
前陣対前陣ゲーム

回数 or 時間
適宜

目的 下がれない状況の中で
前陣でのプレーを強化

後ろにフェンスを設置し、下がれない状態で試合を行い、
前陣でのプレーを磨くゲーム練習。

やり方

台から 1.5m くらいのところにフェンスを設置して試合を行う。

 狙い

「せざるを得ない」状況をつくれば修正しやすくなる

　現代卓球では、できる限り前陣で打ち返して相手の時間を奪うことが大切ですが、後ろに下がってしまう選手もいます。そういうときは後ろにフェンスを置いて、下がれない状況で練習をさせると簡単に解決できます。

　技術的な問題を修正したいとき、選手本人に意識させるだけではうまくいかないケースもあります。そんなときは、この練習や前ページのタオルを使った練習のように「そうせざるを得ない状況をつくる」というのも1つの方法です。限定ゲーム練習はほかにもいろいろなやり方が考えられるので、試してみるとよいでしょう。

最後の1本を取るための ゲーム練習

回数 or 時間
適宜

-1 ➡ +1

8－8でスタートして、右側の選手が得点した場合、カウントは7－9となる

目的

終盤での連続得点を 意識したゲーム練習

お互いにポイントが増減する形式で試合を行い、終盤で連続ポイントをする力を養う。

やり方

8－8（もしくは6－6）で試合をスタート（サービスは1本交代）。得点した人が1点、失点した人は－1点というルールで試合を行い、先に11点目を取った人が勝利。

狙い

連続得点をしないと勝てない

　試合の最後の1本がなかなか取れない選手のための練習です。失点すると自分の得点が減るので、勝つためには終盤で連続得点をしなければならないというルールになっています。同時に、負けている側も最後の1本を簡単に取らせないための戦い方を身につけることができます。

ポイント

「11点でゴール」と思わず、駆け抜ける

　脳科学的に人間は「ゴールが見えるとブレーキをかけてしまう」そうです。卓球でも「あと1本で勝利」と意識してからプレーが消極的になり、逆転負けを喫することはよくあります。

　これを解決するには「ゴールは11点ではない」と思い込むことです。もっと先を見据えて、そこまで駆け抜けるつもりでいると、11点目もいつものプレーができるのです。

テクニック

両ハンド&フットワーク

攻守&カウンター

3人練習&ダブルス

多球練習

実戦力強化

2人で戦うことで
プレッシャーが増す

目的

緊張感を加えて、メンタル強化

ペアで行うシングルスのゲーム練習。1人の試合とは異なる緊張感で戦い、メンタルを鍛える。

やり方

2つのペア（ABチーム、XYチーム）をつくって、A対X、B対Yで対戦。AXで4本プレーをしたら（サービス2本交代）、次はBYが4本プレー。得点はチームごとで引き継ぎながらカウントし、どちらかが11点に達するまで繰り返す。

まずはA対Xで4本プレー
（サービス2本交代）。BとYは待機

得点を引き継いで、次はB対Yで4本プレー。
先に11点に達したペアが勝利

 狙い

ペアを組んで行う練習は集中力が高まる

　緊張感をつくり出す方法として、誰かとペアを組んで戦わせるのも1つの方法です。「パートナーに迷惑をかけられない」という思いが、集中力を高めてくれるのです。目標回数を決めて2人で交代に動くフットワーク練習（102ページ）と同じ考え方といえます。

緊張感が増して
盛り上がる「1本団体戦」

回数 or 時間
適宜

テクニック

両ハンド&フットワーク

攻守&カウンター

3人練習&ダブルス

多球練習

実戦力強化

目的

団体戦×1本勝負で勝負強さを鍛える

本番で実力を出すためのゲーム練習。団体戦形式、かつ1本勝負にすることで、勝負強さを鍛える。

やり方

数人でチームをつくり、1点取ったら台に残る、失点したら次の人と交代というルールで11点マッチを行う。

狙い

時には楽しく盛り上がる時間も必要

　このゲーム練習は緊張感のある中でプレーするという目的もありますが、シンプルに盛り上がって楽しいという理由で取り入れている側面もあります。真剣勝負というより、ふざけているように見えるときもありますが、スポーツは苦しい、厳しいだけのものではないので、ポジティブに楽しんでプレーする時間も時には大切

だと思っています。このような活気に満ちた時間が、その後の練習へのモチベーションにつながるので、決して無駄な練習ではないのです。
　私が見ていると選手たちが少し遠慮してしまうので、声を出して全力で盛り上がれるよう、私はあえて席を外し、選手たちだけでプレーをさせています。

トレーニング

狭い場所でも簡単にできるメニューを行う

野田学園では大がかりな器具を使ったトレーニングは行っておらず、基本的には狭い場所でできるだけ簡単に行えるものを中心に取り組んでいます。

個人的な考えですが、器具を用意して計画的にやろうとすると、時間も場所も必要になって長続きしにくいという感覚があるので、無理な

くできるようにしているのです。時期によっては打球練習を優先したいときも出てくるので、柔軟に対応できるよう、取り組みやすいメニューにしています。

トレーニングは試合が近くない時期に、1日20～30分ほどで行っています。

Menu
01
おしくらまんじゅう

回数or時間 | 30秒×6セット

目的 **体幹、下半身、腹圧を強化する中学生向けメニュー**

お互いに全力で押し合うことで、体幹、下半身、腹圧などを強化し、力の加え方を覚えていきます。

基本的にはまだ体ができ上がっていない中学生向けのメニューで、この練習で体全体の強さをつくっていきます。

やり方

選手2人でお互いに同じ方向を向いて立ち、横方向に押し合う。1セット30秒で左右の立ち位置を変えて、それぞれ3セットずつ。

立ち幅跳び

回数 or 時間 | 5～10本

目的

跳んだ距離を記録してモチベーションを高める

　卓球に必要な瞬発力、ジャンプ力、体のバネなどを鍛えるためのメニューです。中学生は1回、高校生は3回1セットで行います。

　跳んだ距離を計測して、記録として残しておくこともポイント。成長が実感でき、記録更新へのモチベーションが上がるので、トレーニング効果も高まります。

　回数は5～10本（セット）程度。コツコツと継続することが大切なので、何十本も跳ぶようなハードなトレーニングにはしていません。

やり方

両足で全力で前方にジャンプ。中学生は1回、高校生は3回連続で行う。

1回（中学生）

連続で3回（高校生）

メディシンボールトス

回数or時間 | 左右10本ずつ

目的 ## スイング時の体の動きを強化する

重さのあるメディシンボールを使い、フォアハンド、バックハンドのスイングを強化。
腕の力で投げるのではなく、腹圧を高めて、体幹を使って投げることがポイント。ま
た14～15ページで紹介した股関節を入れる動きも意識します。右側から投げるフォ
アハンドの動き、左側から投げるバックハンドの動きの両方を行います。

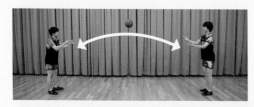

やり方

両手でメディシンボールを
持って体の横に引き、体の回
転を使って正面の相手にトス。
同様に相手もこちらに投げる。

右から

股関節を
意識する

左から

股関節を
意識する

ダンベルクリーン&ジャーク

回数or時間 5回×3セット

瞬間的に力を生み出す

ダンベルを使ったトレーニングで、ジャンプしながら一気にダンベルを持ち上げることで、瞬間的に力を生み出す能力を養います。戸上選手も高校時代から実践しているトレーニングです。ダンベルを持ち上げるときは腕の力ではなく、下半身、ジャンプの勢いを使います。ダンベルは選手の筋力に合わせて、無理のない重さにしましょう。

やり方

ダンベルを両手に持ち、ひざを曲げて、上体を立てる。その体勢から上にジャンプし、ダンベルを上げる。腕を上に伸ばし、ひざを曲げた状態で着地してフィニッシュ。これを繰り返す。

5点ジャンプ

目的 卓球に必要な敏捷性、
素早いステップワークを
身につける

卓球は細かく素早く動くステップが、他のスポーツよりも求められる競技です。このメニューは床の5点にテープを貼って、5種類のステップを行い、さまざまな足さばき、動きの中での体のバランスなどを鍛えます。素早く正確に動くことが重要で、野田学園では5種目を35秒以内に行うことを目標にしています。

50〜60cm程度の正方形の角と、中央に1点加えた5点を目印にする

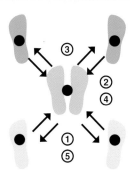

①開閉ジャンプ

やり方

両足を開いた状態でスタート。「閉じて・開いて」で前に2回跳んで、そのまま後ろ向きに「閉じて・開いて」で元の位置に戻る。これを5セット繰り返す。

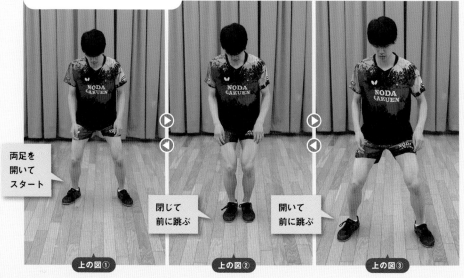

両足を
開いて
スタート

閉じて
前に跳ぶ

開いて
前に跳ぶ

上の図① | 上の図② | 上の図③

②両足ジャンプ

やり方

下図の順番で5点を両足を揃えてジャンプ。
これを5セット繰り返す。

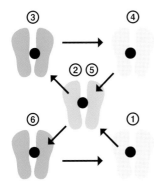

③右足ジャンプ
④左足ジャンプ

やり方

下図の順番で5点を片足でジャンプ。右足、
左足それぞれで5セットずつ行う。

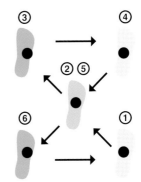

⑤開閉&半回転ジャンプ

やり方

両足を開いた状態でスタートして、「閉じて・開いて」
で前に2回跳んで、両足を広げたまま180度回転
して方向を変えるジャンプ。再び閉じて開いてス
タート地点で、180度ジャンプで元に戻る。これを
5セット繰り返す。

下の図③　　　　下の図④

ジャンプしながら半回転して方向を変える

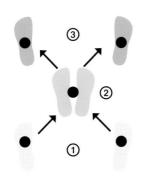

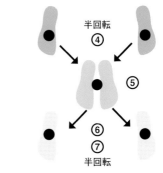

半回転

半回転

165

1日の練習スケジュール

平日4〜5時間、休日7時間
内容は時期に応じて柔軟に変更

　練習時間は、平日の授業があるときは16時〜20時半、1日練習のときは午前が9時〜12時、午後が13時半〜17時半というスケジュールで行っています。規定練習後に自主練習を行う選手もいます。

　練習の内容や順番、時間配分などは、チームで取り組んでいる課題や大会が近いかどうかによって変わります。右に1日練習の場合のスケジュールを紹介しますが、あくまで一例としてお考えください。

ポイント 1

ゲーム練習はほぼ毎日入れる

　試合形式のゲーム練習はほぼ毎日行います。いつやるか、どんな内容でやるかは大会が近いかどうかによって変えており、大会を想定するためにあえて午前中に行うケースもあります。

ポイント 2

最後は多球練習で追い込む

　多球練習は1日の一番最後に入れます。途中で入れてしまうと、その後の練習にも支障が出るので、最後に選手を追い込んで終わるようにしています。多球練習の時間は野田学園ではすごく大切にしているので、ほぼ毎日40分前後取り組んでいます。

大まかな練習スケジュール

（一例）

9:00	ウォーミングアップ
	乱打など
10:00	
	フットワーク練習
	切り替え練習
11:00	課題練習など
12:00	クールダウン
	昼休憩
13:00	
	ウォーミングアップ
14:00	乱打など
	フットワーク練習
	切り替え練習
15:00	課題練習など
16:00	ゲーム練習
	多球練習
17:00	トレーニング
	クールダウン
18:00	自主練習

Q 一般的な2時間程度の練習の場合は何をすればいい？

A 効率のよい多球練習がおすすめ。
ゲーム練習もなるべく入れる

一般的な部活動の場合は、練習時間は2時間程度とそこまで多くはないと思います。そういう学校であれば、短時間で効率よく練習をしたいので、やはり多球練習がおすすめです。多球練習の時間を長めに取れるとよいでしょう。

基本練習や応用練習の配分は選手のレベルによりますが、初級者が多いチームはまず基本練習でしっかりと基礎固めをするべきです。

そして、試合で勝つことが目標であればゲーム練習は必須です。短時間でもよいので毎回ゲーム練習を行い、実戦の中で練習してきた技術が使えるか確認しましょう。

練習時間が少ないチームは、家の過ごし方も大切です。ラケットは毎日家に持って帰り、家でもサービス練習などをしましょう。そういった積み重ねで、成長スピードは大きく変わります。

ポイント③

規定練習の中にサービス練習は入れない。選手の自主性に委ねる

サービス練習は規定練習の中にはあまり入れません。入れたとしても15分程度の短い時間で行います。私としてはサービス練習は自主性に委ねたい気持ちがあり、休憩の合間や自主練習として取り組むべきだと考えているからです。

ただしフットワーク練習などでも、実戦のサービスから入るメニューも多く行っているので、結果的にはサービスを出す機会は結構あります。

サービス単体の練習はないが、実戦的なサービスを使う練習自体は少なくない

指導のポイント

選手とのコミュニケーションを
重視する「対話型」を実践

　私が普段意識していることの1つが「対話型」の指導です。選手とのコミュニケーションが、私からの一方的なものにならず、お互いに意見をいえる関係性を築くということです。

　私も駆け出しの頃は、厳しい指導で練習もかなりハードに行う「支配型」の監督でした。今振り返ると、「選手のため」というよりは、自分自身の欲求、欲望を満たすために選手を鍛えていたように思います。

　しかし、26歳のときに岸川聖也（元日本代表）という「日本の宝」といわれる選手を預かることになり、私の指導法は変わりました。すでに私の卓球を超えている天才少年と接し、世界の舞台を目の当たりにする中で、自分自身にも変化が必要だと感じて、対話型の指導へシフトしました。

　それからは選手とできる限りコミュニケー

ションを取り、1人ひとりの性格や個性を理解したうえで指導することを心がけています。

　ただし、対話型といってもそのバランスはなかなか難しいのも現実です。対話はするけれど、結局は指導者側がすべてを決めてしまっては意味がないですし、逆に選手の意見を尊重しすぎて、すべてを自由にさせるのも違います。アスリートとして成長させるためには、ハードな練習で追い込むことも必要ですし、ストイックになれない選手に対してはこちらで引っ張らなければなりません。監督としての厳しさももちろん必要です。過去には対話を意識しすぎたために追い込みが足りず、強くしきれなかったと省みることもあります。

　今現在も選手たちと会話を重ねながら、よりよい指導法を模索しているのです。

練習中も頻繁に選手に声をかける

イメージで学ぶ「右脳指導」と言語化させる「左脳指導」

　人間の脳は、絵やイメージで物事をとらえる「右脳」と、言語や文字で理解する「左脳」に分かれているといわれており、指導でも2つのアプローチを意識して使い分けています。

　「右脳指導」としては、映像を見せる方法がとても有効です。私が選手だった頃とは違い、現在はトップ選手のプレーを映像で簡単に見ることができるので、選手には積極的に映像を見せて学ばせています。右脳に特化したタイプの選手の場合は、打ち方を言葉で説明しすぎると逆に悪化するケースもあるので、映像を見せて、イメージを元にやってみる練習法がよいのです。

　そして「左脳指導」として行っているのが、技術の言語化です。右脳から取り入れ、体で覚えたことを言葉で表現する訓練をします。自分の中の感覚を言語化させることで技術の理解が深まり、その言語化した情報を再び右脳的に解釈することで技術力がさらに高まります。

　左脳指導の例としては卓球ノートがあります。書く頻度は選手に任せていますが、野田学園では選手全員に卓球ノートを用意させて、文章を書くことを習慣化させています。

　卓球ノートを書くうえで注意したいのが、課題や悪かったところだけを並べる「反省ノート」にしないということ。よかったところ、うまくできたところも書き、何が上達しているか、どこが武器なのか理解することは非常に大切です。これまで選手のノートを見てきても、ポジティブなことを書く選手のほうが強くなっている印象があります。

　ちなみに、卓球ノートは私からもコメントを一言書き加えています。これも選手との大切なコミュニケーションの1つであり、対話型指導の一環なのです。

映像でプレーを確認。選手は卓球ノートで言語化。「右脳指導」と「左脳指導」の組み合わせが重要

長所を伸ばすだけでは勝てない。
しかし短所は意識させすぎない

勝つためには、各選手の得意な技術、長所を伸ばすことが非常に大切です。しかし、トップレベルになってくると、長所だけで勝ち上がるのが難しくなるのも現実です。普段の指導でも長所を伸ばす練習と、短所を克服する練習のバランスを意識しながら、強化にあたっています。

短所を克服させたいときに、指導者として気をつけているのが、必要以上に短所をクローズアップしすぎないということです。伝えすぎると選手も試合中に意識してしまうので、練習するときも「短所を鍛えている」という雰囲気はなるべく出しません。また時には、あえて練習の目標を低く設定して、成功体験を多く積ませることも短所を克服するためのコツです。

自信を持って試合に臨むには、自分の長所を自覚することが大切なので、あくまでその部分は見失わず、練習内容を工夫して、長所・短所の両方を強化することがポイントです。

ちなみに、技術的な長所、短所は指導の中で修正しますが、人それぞれの性格に関しては変えないほうがよいと思っています。その選手が持っている性格や考え方は否定せず、そのままで強くするほうが結果的にはうまくいくと感じています。100人いれば100通りの強化方法があると考えなければいけません。

監督が「短所を修正するための練習」と思っていても、あえて選手にそれは伝えず、通常の練習の1つという感覚で練習させることも大切だ

メンタル強化は必要だが
緊張を受け入れるのも重要

指導者としては、選手が本番で力を発揮できるよう、メンタル強化にも気を配る必要があります。ここまで紹介してきた練習法にも、緊張感を加えるものや、成功体験を積ませて自信をつけさせるものがあったと思います。

ただし、どんなに訓練しても本番では緊張するものなので、緊張しないための努力ではなく、緊張することを受け入れて、そのうえでどうプレーすべきかの指導も大切にしています。緊張するときは自分しか見えていないことが多いので、しっかり相手を見て、相手が何を嫌がって、何が効いているのかに目を向けることの重要性はよく伝えています。

そもそも、緊張は100%悪く働くわけではありません。緊張は勝ちたい気持ちの裏返しなので、緊張していない選手よりは、適度に緊張している選手のほうが最後は勝つと私は感じています。

チームビルディングも「対話」で
人間関係を築いていく

チームビルディングの面でも、やはり対話が大切です。選手は中学1年から高校3年までいるので、私自身もそれぞれの世代に目線を合わせるようにしていますし、時には彼らと同じ漫画などを読んで、話題を共有する努力をすることもあります。

逆に高校生には、世の中のニュースや世界の情勢、大人の考え方などを理解させて、目線を上げてもらう機会をつくります。監督と選手がお互いに目線を近づける努力をすることで、人間関係がうまく築けて、それがチーム運営の土台になるのです。そしてチームをまとめるには、年上の高校生たちの協力が必要なので、彼らが中学生の面倒を見るような環境づくり、伝統づくりも意識しています。

全員を集めて話す、いわゆるミーティングのようなものは定期的には行っていません。練習の中で各選手とコミュニケーションは取っているので、大会前や大会中を除き、普段はそれほど必要ではないと私は思っています。

選手1人ひとり伝えたいことは異なりますし、ある選手には怒って、ある選手は褒め、ある選手は慰め、となると、なかなかこちら側が難しいという理由もあります。

上級生が声をかけて、私のいない場所で選手だけで行うミーティングはときどき行っているようです。そういった自主的なミーティングは、チームワークを高めるうえで非常に効果的なので、どんどんやってほしいと思っています。

教育のあり方や、選手との接し方も時代とともに変化しており、今までこうやってきたからこれがよい、とは言えなくなっています。私自身が過去のやり方に固執せず、常にアップデートしなければなりませんし、その意識を持ち続けることが、子どもたちを預かる立場の人間としては重要なのだと思っています。

おわりに

2023年5月から新型コロナウイルスに関するすべての規制がなくなり、やっと今まで通りの卓球ができる日常を取り戻したようにも思います。一方で、コロナ禍の3年半の間に、私は預かっていた子どもたちを卓球はもちろん、人間的にも成長させることができていたのだろうかと考えることがあります。今となれば、初めの頃はこのウイルスを「やらない理由」にして現実から逃げていた自分がいたことも感じ、少し後悔もしています。

2023年、私の率いる野田学園卓球部は、高校・中学ともに全国選抜卓球大会をアベックで優勝する好成績を残すことができました。また、夏のインターハイは団体戦で自分たちの卓球をすることができずに本当に悔しい結果で終わり、まさに「栄光と挫折」の両方を経験することになりました。そのような中でも、3年生の三木隼が個人戦では奮起し、男子シングルスで優勝する快挙を成し遂げました。三木自身、初となる全国タイトルで、野田学園としても卒業生の戸上集輔以来4年ぶりとなるうれしいタイトル獲得となりました。三木も夢の実現にまたひとつ近づき、これから彼自身の世界を大きく変えていくことになると思い、期待をしています。

今さらですが、野田学園卓球部は常に「日本一」を目標に日々、努力と感謝を胸に刻みながらハードな練習に取り組んでいます。そして、全国大会の結果により私の指導力は評価されます。

しかし、それと同じくらい現役生だけではなく教え子たちの卒業後の活躍や、卓球を離れてからのさまざまな分野での成功、そして、それぞれの人生の自立がとても大切なことだと最近は強く感じています。

今年の全国中学生大会から、学校だけでなくクラブチームでの出場も認められるようになりました。そして、卓球に限らず学校での部活動のあり方や、指導のあり方、教員の働き方改革などを含め、本当にさまざまな難しい問題を抱えながらスポーツ界全体が大きな転換点を迎えています。実際に、私の周囲でもスポーツを取り巻く環境は確実に変化をしていますが、どのような状況下においてもスポーツを通じて預かる子どもたちを、それぞれの「本気」へと導くことが、大人である指導者として大切な責任だと感じています。

この本を出版するにあたり、卓球に育てられた私自身が、卓球界に何か還元できればという思いで執筆にあたりました。読んでいただいた皆様のお役に少しでも立てれば幸せに思います。

最後に出版にあたり、大変ご協力いただきました渡辺友様、星野有治様、お忙しい中、本当にありがとうございました。

2023年10月
野田学園卓球部監督
橋津文彦

著者＆チーム紹介

著者プロフィール

橋津文彦
（はしづ・ふみひこ）

1974年5月10日生まれ、山口県出身。中学1年から卓球を始め、柳井商業高校（現・柳井商工高校）3年時に中国高校選手権で三冠（シングルス・ダブルス・団体）を達成。高校卒業後、1年間のドイツ卓球留学を経て明治大学に進学。その後は東洋大姫路高校（兵庫）、仙台育英学園高校（宮城）で指導し、2008年から野田学園男子監督として指導にあたる。インターハイと全国高校選抜大会の学校対抗では計5回の全国優勝を果たしている。また岸川聖也、吉村真晴、戸上隼輔ら多くのトップ選手を指導した。

参考文献

- 『野田学園卓球部監督　橋津文彦の強豪チームであり続けるために』（株式会社タマス）
- 『トップチームの日常に迫る‼　これが強豪チームの練習だ！』
  （『卓球レポート』連載、2012年1月号〜2013年12月号、株式会社タマス）
- 『剛腕でぶち抜け！　超攻撃卓球のススメ』（『卓球王国』連載、2022年6月号〜10月号、株式会社卓球王国）

撮影協力

野田学園 卓球部

山口県山口市にある男女共学の私立中学校・高校。2008年に橋津監督が仙台育英学園から転任したことで卓球部の強化が始まり、2010年の全国高校選抜大会では初出場・初優勝。その後も全国屈指の強豪校として数々の成績を残し、多数のトップ選手を輩出している。

技術モデル（左から）
芝拓人（高3）、三木隼（高3）、木方圭介（高3）、岩井田雄斗（高3）、木村友哉（高1）、渡辺凉吾（高1）、岩井田駿斗（中2）、中野琥珀（中2）

主な成績（個人戦は中学・高校在籍時のもの）

● 全日本選手権	
2012	一般男子シングルス優勝（吉村真晴）
2014	ジュニア男子シングルス優勝（吉村和弘）
2019	ジュニア男子シングルス優勝（戸上隼輔）
2012	カデット男子シングルス（13歳以下）優勝（竹崎千明）
2021	カデット男子ダブルス優勝（木村友哉・渡辺凉吾）

● インターハイ	
2010	男子ダブルス優勝（平野友樹／吉村真晴）
2011	男子ダブルス優勝（吉村真晴／有延大夢）
2018	男子シングルス優勝（戸上隼輔）
2019	男子シングルス優勝（戸上隼輔）
2019	男子ダブルス優勝（戸上隼輔／宮川昌大）
2023	男子シングルス優勝（三木隼）

● 全国高校選抜大会	
2010	男子学校対抗優勝
2014	男子学校対抗優勝
2023	男子学校対抗優勝

● 全国中学校大会	
2022	男子学校対抗優勝

● 全国中学選抜大会	
2023	男子学校対抗優勝

デザイン／藤本麻衣、田中ひさえ、
　　　　　黄川田洋志・井上菜奈美（ライトハウス）
写　真／早浪章弘
編　集／渡辺友、
　　　　星野有治（ライトハウス）

強豪校の練習法
卓球　野田学園高校式メニュー

2023年10月27日　第1版第1刷発行

著　者　橋津 文彦
発行人　池田 哲雄
発行所　株式会社ベースボール・マガジン社
　　　　〒103-8482 東京都中央区日本橋浜町2-61-9
　　　　　　　　　TIE 浜町ビル

　　　　電　話　03-5643-3930（販売部）
　　　　　　　　03-5643-3885（出版部）
　　　　振替口座　00180-6-46620
　　　　https://www.bbm-japan.com/

印刷・製本／広研印刷株式会社

©Fumihiko Hashizu 2023
Printed in Japan
ISBN978-4-583-11612-9　C2075